青春文庫

頭が悪くみえる日本語

樋口裕一

青春出版社

はじめに

きっと本人は気づいていないのだろう。ただ何も気にかけずにしゃべっているだけなのだろう。あるいは、自分ではよいつもりで使っているのだろう。だが、周囲から頭が悪く見えている、そんな言葉づかいがあるものだ。

何があっても「すごーい」「超○○」と言ったり、「ぶっちゃけ」「めっちゃ」などという単語を頻発するのも、流行《はや》りのちょっと品のない言葉を使っているので、知的には見えない。語彙の不足、品性の不足を感じさせる言葉づかいだ。

だが、このような言葉は、使っている本人も、それがあまり上品な言葉だと考えていないだろう。仕事や公式の場でもつい口に出してしまって、周囲に知性や品性を疑われるようなことがあるにせよ、注意していれば口に出さずにすむものだ。

もっとやっかいなのは、不必要に気をつかう日本語だ。「させていただきます」「こちらが○○になります」「してございます」。このような言葉を使う人は、きっとそれなりに自分では丁寧に言っているつもりでいるのだろう。もしかすると、これこそがもっとも丁寧で正式な言葉だと思っているのかもしれない。

近年、何かというと炎上する。ちょっとしたマナー違反、ちょっとした生意気さ、そんなものがターゲットになって攻撃される。その影響かもしれない。無意味に低姿勢になり、はっきりと言わずに言葉をぼかす。言葉をぼかさず、はっきりとモノを言い、物事を明確にするのが頭のいい話し方なのに、そうしないであえて頭が悪く見える日本語を使う。そして、頭の悪く見える日本語がどんどんと増殖している。

本書はそのような危機感のもと、巷にあふれる頭が悪く見える日本語を集めて解説したものだ。なぜ知的でないかを説明したのち、処方箋も添えてある。自分の使う日本語に心を向け、これらの言葉を使わず、別の言葉に言い換えれば、自ずと「頭がよく見える日本語」を使うことにつながるだろう。そして頭がよく見える日本語を使ううちに、思考も高度になって、ますます知的な人になるに違いない。

なお、本書は多くの人にご好評いただいた『バカに見える日本語』（青春新書インテリジェンス）を時代の変化に合わせて大幅に加筆修正したものだ。本書成立にあたっては、畏友《いゆう》である今井順子さんと青春出版社プライム涌光編集部の野島純子さんに大変お世話になった。ここにお礼を申し上げる。

樋口裕一

目次

2章 自分勝手な日本語

——物事を決めつけ、自分の考えを押しつける

3章 距離感を誤った日本語
――上から目線、仲間内にしか通じない言葉…

4章 ワンパターンな日本語
――語彙が貧困で、物事をひとくくりにする

5章 理性のない日本語
——感情的な言い回し、甘えた表現…

編集協力…今井順子　本文デザイン…岡崎理恵

1章

ぼかしの日本語

——論理的に説明できないことを曖昧にする

頭のよさ＝説明力

自分の頭で考えて、物事をはっきり説明したり反論できないために、ぼかし表現を多用すると、頭が悪く見える。本章では、そんな「ぼかしの日本語」を紹介しよう。

「みんな言ってます」

根拠のなさをごまかす日本語

打ち解けた会議や雑談で、誰もがつい言ってしまう言葉の一つが、「みんな言ってます」だ。

こう言えば、自分の主張が通りやすくなると思ってのことだろう。いまの潮流が、どうなっているかを言いたいかもしれない。本人はうまく言ったつもりかもしれないが、これは空回りに終わりやすい。

まず、「みんな」という言い方が曖昧《あいまい》で、大げさでもある。しかも、本人の錯覚が混じっていることも多い。「みんな」と言っても、誰がそう言っていたかは記憶にない。じつは一人か二人しか言っていない気もする。あるいは、自分しか言ったことがなかったかもしれない。それでも、自分の話を補強するために、つい「みんな言ってます」と言ってしまうのだ。

たしかに、言われたほうは、一瞬ぐらつく。「自分はそんなに世事に疎かったのか」

と思って、うまく丸め込まれる人もいるだろう。

だが、健全な常識のある人は、すぐに疑いはじめる。「みんなの言っている」ことが、どれだけ世間に浸透しているかは、自分の実感から推測もできる。実感がなければ、「みんな言っている」が本当かどうか、怪しく思えてくる。「みんなって、どれくらいの多数のことを言うのだろう」「具体的には、誰だろう」と思いはじめると、もう「みんな言ってます」に信憑性《しんぴょうせい》はなくなる。

ここで、言われたほうが「みんなって誰のこと?」と問い返したときだ。「いや、みんなって、誰のことだったっけなあ」「僕の友人、みんなだよ」くらいにしか答えられないと、恥をかくことにもなる。

このあたり、子どもの決まり文句を思い出す人もいるだろう。子どもが親に何かをねだるとき、持ち出してくる言葉が「みんな」だ。「みんな、スマホを持ってるよ」「みんな、このゲームをやってるよ」と言ってくる。「だから買って」というわけだが、親にはそれが水増しや、でっちあげであることがすぐわかる。

大人の「みんな言ってます」も、子どものおねだりと同じ次元でしかなく、恥をかくことになりやすいのだ。

「みんな言ってます」はつい言いたくなる言葉だが、ここは言い換えを考える。「○○課長が言ってました」「評論家の××がそんなことを言ってました」と言うなら、説得の材料として認めてもらえる。また、普段から根拠のなさを「みんな」でごまかさず、「〜という理由です」と言う習慣をつけると、言葉に説得力が生まれ、知的に見られるようになる。

- 「みんな言ってます」ではなく、「○○さんが言ってました」と言い換える。
- 根拠のなさを「みんな」でごまかさず、「〜という理由です」と言う習慣をつける。

「こちらが○○になります」

丁寧を装いながら、断定から逃げてしまっている日本語

上司に資料を渡すとき、「こちらが資料になります」、あるいは担任の教授や講師にレポートを提出するとき、「こちらがレポートになります」という言い方をする若者がいる。

本人は謙虚に言ったつもりだろう。あるいは、相手に失礼のないよう婉曲《えんきょく》に言ったつもりかもしれない。たしかに日本語としては、間違いではない。けれども「こちらが○○になります」と言う人は、上司や教授からは頭のいい人とは見てもらえない。「こちらが○○になります」は、断定から逃げている日本語だからだ。ビジネスであれ、学問の世界であれ、さらには人間づきあい一般であれ、断定しなければならない状況は確実にある。「資料」にしろ「レポート」にしろ、「資料」「レポート」以外の何物でもない。ならば断定して当然だ。

にもかかわらず「こちらが○○になります」と言うのは、「資料かどうかわからな

いもの」「レポートかどうかわからないもの」を渡すと言っているようなものだ。その曖昧で責任を避けようとする表現が、上司や教授をムッとさせるのだ。ここは婉曲な言い方をせず、「これが資料です」「これがレポートです」と断定した言い方がふさわしいのだ。

「こちらが○○になります」は、巷にあふれている日本語でもある。ファミリーレストランや大衆居酒屋では、店員が「こちらがサバの塩焼きになります」「こちらが生ビールになります」と言って、皿やグラスをテーブルに置いてくれる。ホテルなら、ホテルマンが「こちらがキーになります」と言って客にキーを渡すこともある。

いずれも客を立てるための言い方でもあれば、必要以上にトラブルを避けようとする言い方とも言える。現実には、「それはサバの塩焼きじゃない」「それはキーじゃない」と突っ込まれることがないのに、「もし突っ込まれたらどうしよう」という気持ちから、必要以上に婉曲な言い方をしてしまうのだ。

現代社会では人の粗相をあげつらい、攻撃しがちなところがある。人から攻撃されないためには、突っ込まれにくい言い方で逃げるしかない。そこから「こちらが○○になります」という言い方が広がりはじめたと思うが、本人は謙虚なつもりでも、他者からは断定をつねに避ける頭の悪い人とも思われやすい。
日本語が英語と違うのは、婉曲な言い方が多く、断定を避けようと思えば、いくらでもあることだ。つまり、逃げ道がいくらでもある。けれども断定を避けるのを習い性にまでしてしまうと、物事を明確に言えなくなる。物事を明確に言えなくなるということは、何も表現できないということでもあり、バカにも思われる。逃げずにすむところは、きちんと明確な日本語を使ったほうがいいのだ。

婉曲な言い方で逃げてばかりいると、明確な日本語を使えなくなる。

「ていうか」

反論を避けようとする、曖昧すぎる日本語

会話の途中で、「ていうか」をはさむ人は少なくない。「つーか」「てか」という言い方もあり、もとは、すべて「というか」だ。

「ていうか」を言い換え表現として使っている人は、知的な人と言えるだろう。「あの音楽は、近代的じゃないね。ていうか、近代を否定していると思う」と言うなら、言い換えになっているのだが、これを反論の前置きとして使う人がいる。

たとえば、「さっきの九州旅行の件だけど、ていうか俺、なんとなく九州の飯って好きじゃないんだよね。行くなら、東北のほうがいいね」といった具合だ。こんな「ていうか」「つーか」は知的とは言えず、卑怯《ひきょう》な言い方でもある。

気をつかって「ていうか」「つーか」を反論のために使う人もいるかもしれない。「けれども」「いや」と言って反論すると、角が立ち、相手を不機嫌にさせそうだからと、ぼかした言い方をしている。

これは曖昧な言い方であり、相手を戸惑わせる。よくよく話を聞いてみると、反論を言いたかったのだとわかってくる。これでは「最初から反論を言えよ。わかりにくいじゃないか」と、相手をかえって不愉快にさせかねない。

反論を言いたいのなら、「ていうか」「つーか」「てか」で態度をぼかさずに、さっさと言ったほうがいい。

「それも一案ですが、私には引っかかりがあります」「納得できないところがあります」と言えばすむ話だ。

「ていうか」を反論の前ふりで使うのは曖昧な言い方で、知的とは言えない。

「なんか」

不快感を与える、ぼかした日本語

ふだんの会話を、ちょっとだけ思い出してほしい。「なんか」という言葉を、むやみにはさみこんではいないだろうか。「なんか違いますね」「なんか間違っている」は、まだいい。「なんか、おいしかった」「なんか、つまらなかった」「なんか退屈だよね」と、無意味に「なんか」をつける。「何、飲むの」と尋ねられて、「なんかコーヒー」「なんかジュース」というケースもある。

「なんか」は、もともと「なんとなく」の意味で使われていたようだが、いつしか意味をなさなくても使う言葉になっているようだ。大人が使う「えー」に近い。「えー」は「えー、本日は」「えー、ここで大切なのは」などと息継ぎ代わりに使うが、最近、「なんか、本日は」「なんか、ここで大切なのは」となっているのだ。

若者らは「なんか」を平気で使っているが、これは身内でしか通用しない言葉と思ったほうがいい。オフィスや学校でも、「なんか」と言っていると、周囲の人に不快感を与えてしまうのだ。

オフィスや学校での「なんか」は、「なんだか」「何かが」という意味だ。「なんか違いますね」は、何かが違うということ、「なんか間違っている」は、なんだか間違っているといったことを意味する。それが常識の現場に、意味をなさない「なんか」を連発したのでは、周囲はうるさく、うとましく感じてしまう。「なんか」を言う社員は、いい目では見られないから、学生のうちに直しておきたいのだが、そうはなっていない。私の大学の学生も、「なんか」を連発している。就職試験の模擬面接試験など、きちんとした言葉を使おうと緊張しているのだが、つい「なんか」を口にしてしまう。

そんなわけで、「なんか」の連発は、直そうと思っても、一朝一夕には直らない。ふだんの会話で、「なんか」と言ったら、「しまった」と思うことからはじめたい。

「なんか」をむやみに連発しない。

「〜してございます」

丁寧に見えて、じつは丁寧でないワケのわからない日本語

いまどきのビジネスマンは、公式の場では何でもかんでも丁寧にしゃべろうとする。そのあまり、「〜してございます」という日本語を使う人もよく見かける。「その案件は検討してございます」「すでに着手してございます」「報告書は見てございます」といった具合で、本人は丁寧を期したつもりだろうが、聞くほうにはワケのわからない日本語でしかない。いずれも「検討しています」「着手しています」「見ています」で十分だ。

もともと「〜ございます」は、物事を丁寧に言うときに使う言葉だ。「入り口はこちらでございます」「粗茶でございます」などと使うのが一般的だが、「検討する」も「着手する」も自分の行為だ。自分の行為に「〜してございます」を使うから、おかしな日本語になってしまうのだ。

「〜してございます」は、典型的な官僚言葉の一つでもある。国会答弁を見ていると、

役人がよくこの言葉を使っている。おそらく、もとの原稿には書いていない。ただ国会議員相手に「丁寧に語らなければならない」という思いから、すべての語尾につけてしまう。

逆に言えば「～してございます」をつけておけば失礼にならないという、形式主義が見てとれる。ところが、形式主義に走りすぎた結果、おかしな日本語を使うことになっているのだ。

実際、私が勤めていた大学にも官僚出身の大学教授が何人かいて、みな発表の場などで「～してございます」と言っていた。非常に優秀な人たちばかりだったが、習い性が抜けないのだろう。

官僚が〝お役所言葉〟として使うのも私は気になるが、いずれにせよ、一般のビジネスマンまで真似《まね》して使う必要はまったくない。

「～してございます」ではなく、「です」で十分。

「ダイバーシティ」「アラート」「インセンティブ」

カタカナ語でケムにまく知的怠慢な日本語

カタカナ語の氾濫が気になる人は多いだろう。「コンプライアンスの遵守《じゅんしゅ》がプライオリティを高くし……」「インセンティブを得るためのスキームには……」といった類だ。

使っている当人は、先端を行っているつもりかもしれない。それっぽく見せたい意図もあろう。知的に威圧しようとしているかもしれない。実際、カタカナ語を使う人に、話し方も堂々としていて圧倒されてしまう人がいる。下手をすると、カタカナ語を使う人の信者になる人さえ出てくるが、知的でない人が知的でない人に引っかかったにすぎない。

カタカナ語を使う人が知的とは言えないのは、わざわざ話をややこしくしているからだ。日本語で言えば、誰にもわかりやすいのに、わざわざカタカナ語にして、わかりづらくしている。しゃべっているほうも、わかりづらいし、簡単な話をむずかしくしているにすぎない。

また、カタカナ語は、身内のみでしか通用しない言葉だ。その業界のみで通じる言葉を、一般社会でも通じると思ってしゃべるのは、世間知らずであり傲慢《ごうまん》でさえある。最近は行政でも、カタカナ言葉をよく使う。典型が「ダイバーシティ」だ。「多様性」と訳すことが多いが、最初に聞いたときは意味がわからなかった。「メキシコシティ」のように、どこかの都市の名前かと思ったほどだ。

さらに言えば「多様性」という日本語訳もわからない。年齢や人種、性別など、さまざまな属性を持つ人たちがいる様子を指すようだが、「人はみんな違う」「人それぞれ」と言ったほうが、よほど身にしみて、本当に理解できるように思う。

もう一つ、本気で相手に伝えたいのか疑問に思うのが「アラート」だ。私の家の近くを流れる川は、雨が降るとすぐに氾濫する。そのたびに「○○地区にアラートが発せられました」という放送が流れる。聞くたびに「『警報』と言えば十分だろう」という気持ちになる。

災害関連では「ハザードマップ」もそうだ。災害時に予想される被害範囲を記した地図だが、「災害時に備えてハザードマップを確認しましょう」などと言われても、お年寄りには理解できない人も多いのではないだろうか。これでは何のための防災準備なのかわからず、「防災地図」のほうが、よほどわかりやすい。

聞く側だけでなく、使う側も意味がわかっていないように思うのが「アウフヘーベン」だ。いつだったか、小池都知事がこの言葉を使って周囲をケムに巻いたことがある。もともと哲学用語で、ヘーゲルを少しかじると出てくる言葉だが、私も含めて意味を正確に理解している人は、ほとんどいないだろう。おそらく日本に100人ぐらいしかいないのではないかと思うが、それにしては使う人が多すぎる。

専門家同士で使うなら問題ないが、哲学と関係ない人に使う言葉ではない。哲学用語をさらっと口にするほど、自分は知的な人間であると言いたいのだろうが、哲学用語をそのまま一般人相手に使う点で、その人自身が理解していないことが透けて見える。

私自身、本当に理解しているとは言えないが、仮に専門家が使うなら「対立する同士が戦うことで、より高次元なものが生まれる」などと言えばいいはずだ。「アウフヘーベン」という言葉を使う必要はなく、使うにしてもかみ砕いた説明をしなければ相手に伝わらない。

たしかにビジネス書や雑誌には、カタカナ語が氾濫している。だが、それをまともに受け止めて、使う必要はどこにもない。まずは、自分を知的に見せようと思ったら、自分の話をわかってもらわねばならない。そのためには、相手にわかるように話すことが大事であり、カタカナ語を使っては、ケムに巻くことはできても、相手にわかってもらうことはできない。

カタカナ語を多用せず、誰にもわかる日本語に言い換える。

「いちおう」「とりあえず」

責任逃れを感じさせる、ぼかしの日本語

「いちおう」「とりあえず」は、つい使ってしまう日本語の一つだ。「いちおう、やってみます」「とりあえず、そこに置いておいて」「いちおう、手は打っておきました」などと、しょっちゅう言っている人は多いはずだ。

「いちおう」「とりあえず」は、日本にある婉曲表現文化の表れでもある。「やってみました」「そこに置いておいて」「手は打っておきました」と用件だけ言ったのでは、ストレートすぎて、尊大に聞こえはしないか気になる。そこで、「いちおう」「とりあえず」を添えて、表現をぼかしているのだ。

とはいえ、「いちおう」「とりあえず」をオフィスで使うと、咎《とが》められる。「いちおう」「とりあえず」は、責任逃れや手抜きの印象がある日本語だからだ。自分の仕事に不備があっても、あらかじめこれを言っておけば逃げおおせることができるという、予防線的な意味合いを人は感じ取ってしまう。

上司に求められた仕事について、「いちおう、やってみました」と言ったのでは、上司は全力投球したのか、つい疑ってしまう。仕事先に納入商品を届けに行ったとき、「とりあえず、そこに置いておいて」と言われたなら、自社商品がぞんざいな扱いを受けているイメージを持ってしまう。緊急事態にあって、「いちおう、手を打っておきました」と上司に報告したのでは、上司は本当に有効な手段を打ったのか疑惑の目で見てしまう。

そう考えるなら、「いちおう」「とりあえず」を安易には使わないことだ。安易に使っていると、いい加減な人間という印象が強まりかねない。

もっとも、「やってみました」「そこに置いておいて」「手を打っておきました」だけでは、尊大に聞こえかねない。そこで、こんな言葉を添える。「先日、指示していただいた仕事をやってみました」「そこがちょうどいいから、そこに置いておいて」「緊急に手を打っておきました」などと言えばいい。

また、「いちおう」については、ほかにも気をつけたい使い方がある。私はかつてセルビア出身の若いヴァイオリニストのファンクラブ会長をしていたが、そのことを他人に紹介するとき、「いちおう、会長をやっています」と言うことがあった。

「会長をやっています」と言うのは、あまりに偉そうに感じてしまうからだ。「会長」とたいそうな肩書はついていても、一流企業の会長とはレベルが違う。それほどのものではないという謙虚さを表すために、「いちおう、会長をしています」と言っているのだが、考えてみれば、かえって鼻持ちならない気もする。あるいは、その会を代表する存在としては、会員に失礼かなとも思う。

だからといって、「僭越《せんえつ》ながら会長をつとめています」では、しつこい。ここは、「会長をつとめております」でいいのではないかと考えている。

●「いちおう手を打っておきました」は「緊急に手を打っておきました」。
●「とりあえず、そこに置いておいて」は「そこがちょうどいいから、そこに置いておいて」などと言葉を添える。

「○○ではないですけど」

対立を避けすぎて、話の文脈がわからなくなる日本語

会話中、「○○ではないですけど」を口にする人がいる。これも相手をイライラさせる、知的とは言えない日本語だ。たとえば「ケンカではないですけど、殴り合いが始まって……」といった具合で、殴り合いが始まったのなら、それはケンカだ。にもかかわらず「ではないですけど」と言ってしまう。

話しているほうは、「ケンカは言葉が強すぎるかな」という気持ちが働き、「ケンカ」と言ったあと、つい口にしてしまうのだろう。だが、聞いているほうは、「ケンカではないのか」と思って聞いていると、じつはケンカの話をしている。「いったい何が言いたいのか」と思うことにもなる。

この場合、「ケンカは言いすぎかもしれませんが」なら聞くほうも納得できる。「ケンカという言葉は強すぎるから、婉曲表現をしたいのだな」と話し手の意図も理解できる。婉曲表現ができる知的な人という目で見られることにもなる。

「○○ではないですけど」で、もう一つ気になる使い方が「さっきの話ではないですけど」だ。たとえば少し前に佐藤さんの話をしていた。そこから別の話題になったとき、突然、「さっきの佐藤さんの話ではないですけど」と言いだす。

なぜ、佐藤さんの名前が出てきたかと思うと、じつはいまの話が先ほどの佐藤さんの話と共通すると言いたい。ただ、いまさら佐藤さんの話に戻すのも変だろうと「ではないですけど」とつけるのだろう。

だが、聞き手側は、やはり混乱する。『「ではないですけど』と言いながら、結局、佐藤さんの話か」となる。これが「さっきの佐藤さんにも通じる話ですが」「先ほどの佐藤さんのように」なら混乱は生じない。

「○○ではないですけど」は聞き手を混乱させる日本語

「テレビでこんなこと言ってた」

どんな情報も受け売りにする知的レベルの低い日本語

「テレビでこんなこと言ってたよ」は、人が口にしやすい言葉の一つだ。都会の若者から田舎のお年寄りまでが、話のタネに振ってくる。テレビが主要な情報源である現在の状況では、ある意味で当然なのだが、これは、あまり知的な印象は与えない。

「テレビでこんなこと言ってたよ」を連発するのは、疑うことをやめてしまった言葉といえるかもしれない。テレビ番組で「いい」と報道されたものは、何でも「いい」と思い、疑ったり、検証したりという作業をせず、テレビ番組は正しいし、ためになることを言っていると無条件に信じ込んでいる人が、ことあるごとに、「テレビでこんなこと言ってたよ」と口にする。

しかし、言うまでもないことだが、テレビ番組には必ずしも知的でないもの、根拠の怪しいものも少なくない。テレビと新聞、本、ネット情報を同列にとらえている人も少なくないが、信頼性という点で、本や新聞に大きく劣るテレビ番組も多い。テレビの報道番組ならまだましだが、バラエティ番組になると怪しい話がいくらでもある。とくに、健康をテーマとする番組となると、科学的根拠の怪しいものが多くなる。これまでも、コンニャクはダイエットに効くとか、アルカリ性食品がいいとか、酢大豆がいいとか、ポリフェノールが体にきくとか、さんざん特集してきた。すべては一過性の話題でしかなく、本当に体にいいかどうかは検証されてこなかった。せいぜい都合のいいデータのみを紹介するだけで、反論者へのデータ開示というものがなかった。しまいには、データの捏造《ねつぞう》や改ざんがなされ、健康番組の信頼は落ちてしまったが、それでも「○○が体にいい」とテレビで言うと、受け売りがはじまるのだ。

さらに、テレビ番組は個別性を無視する傾向が強い。「すべての人に効く」「すべての人がそう思っている」「これは、すべてに当てはまる」などと一律化して、主張したい部分を強調したがる。それは個別性の無視の裏返しであり、世の中にはいろいろな人がいて、いろいろな見方があることを切り捨てている。テレビの報道番組にもこの傾向があり、知的とは言えない。

根拠が怪しいことでは、ネットも同じだ。「ネットでこんなことを言っていた」と鵜呑《うの》みにして語る人もいるが、ネットの場合、テレビより情報の根拠がわかりにくい。

「ネットでの話なので、どのくらい信憑性があるかわからないが、このような話が出ていた」と語るのならともかく、ネットにあるがままの情報を真実として伝えるのでは、嘘をつかまされて、それを吹聴しているバカなやつと思われかねない。もちろん、テレビを見るのも、ネットを楽しむのも非難されることではない。楽しみながらも、ちょっとだけこれは本当か疑ってみる作業をすることだ。疑ってみれば、けっこういい加減な番組が多いことに気づくだろう。そうなれば、テレビの受け売りをせずにすむ。

また、テレビやネットで知った話を話題にしたいのなら、きちんとした情報源に当たってからにするほうがよい。本の場合、根拠が明示されているうえ、論理立てられていることが多いので、本から検証していった話をするのなら、知的になる。ネットの場合なら、誰それのSNSに書かれていたことを明らかにする。ここで自分の意見もまじえて紹介すれば、バカにされることはない。

テレビやネットなどの情報は鵜呑みにせず、疑ってかかる。話題にしたいのなら、本で検証してから。

「昔からこうだから、これでいい」

自分の思考ばかりか、他人の思考までを停止に追い込む日本語

上司がつい口にして失望を買う日本語の一つが、「昔からこうだから、これでいいんだよ」だ。部下から問題点を指摘されたとき、あるいは改善を提案されたとき、部下の指摘や提案をうまく受け入れることができない。部下の意見をかわそう思ったとき、つい使ってしまう。あるいは、たんに考えるのが面倒くさいからと、使ってしまう。

もちろん、多くの場合、言った本人も「これでいい」とは思っていない。ここで部下の意見について時間を割いてもしかたない、うまくいっているからいいじゃないか、などと自分の中で弁明している。

だからといって、「昔からこうだから、これでいいんだよ」という日本語を使っていいわけではない。「昔からこうだから、これでいいんだよ」は、何も説明していない。自分をあえて無難な人間だと見せたいなら、いいかもしれないが、知的な上司とは見てはもらえない。

さらには自分の思考を停止に追い込み、部下の思考能力までを停止に追い込みかねない。言われた部下は失望し、やがて「昔からこうだから、これでいいんだよ」を平気で言うビジネスマンと化していくことにもなる。

知的な上司と思われたかったら、「昔からこうだった」ではなく、なぜこうなったのか事情を語ることだ。「たしかに改めねばならないだろうが、いま、それを全部やるわけにはいかない。いまはやむを得ない時期であり、黙っておくのが得である」とでも語る。あるいは、「いまの部長が反対するもので、いまのところ誰も何もできない」とでも語る。こうした事情を語るなら、部下も安心し、知的な上司と思ってくれるはずだ。

「昔からこうだから、これでいいんだよ」ではなく、なぜいま現状維持しているのか事情を話しておく。

「そんなこと、わかりきった話だ」

対話を拒否した「逃げ」の日本語

上司や親がつい言ってしまう日本語に、「そんなこと、わかりきった話だろ」がある。部下が「このまま計画を進めると、ここに不備が生じる可能性が出てきます」と言ってきたとき、「そんなこと、わかりきった話じゃないか」、子どもが「1×0が、なぜ0になるの？」と尋ねてきたとき、「そんなこと、わかりきった話でしょ」といった調子だ。「そんなこと、わかりきった話だろ」は、知的な言葉には映らない。

「そんなこと、わかりきった話だろ」には、二つの用法がある。一つは、「わかりきった話」が本当に当然至極の話であり、説明するまでもない場合だ。いちいち説明するのが面倒臭いので、声を荒らげて「そんなこと、わかりきった話だろ！」と相手に言い聞かせようとする。

もう一つは、「わかりきった話」が、じつは簡単な話ではなく、自分で回答を用意できそうもないケースだ。ここで自分が説明しても、うまくいかず、恥をかきかねない。恥をかきたくないからと、「そんなこと、わかりきった話だろ」と突き放し、会話を遮断してしまうのだ。

現実には後者のケースが多いのだが、後者のケースで使ったのでは、まったく知的と言えない。部下も子どもも、上司や親の「逃げ」に感づいている。本当はどうしていいかわからないくせに、エラそうにと思っている。

前者のケースで、「そんなこと、わかりきった話だろ」と言うのは、しかたなくもある。とくに、子ども相手にはそうだ。子ども相手の説明のしかたには、交渉の余地のあるものと、余地のないものの二種類がある。交渉の余地のあるものとは、子どもの要求についてだ。たとえば、お小遣いの要求も交渉の余地のあるものだ。「どうして、お小遣いを値上げしてくれないの？」に対して、「そんなこと、わかりきった話だろ」は、会話を拒否した言葉であり、知的とは言えない。

一方、決まりごとに関しては、交渉の余地はない。こんなとき、いちいち説明するのが面倒臭いのなら、「そんなこと、わかりきった話だろ」を言ってもいいだろう。

私自身も、学生相手に「そんなこと、わかりきった話じゃないか」と言うことがある。大学のルールについて、学生にいちいち説明するよりは、「そんなこと、わかりきった話じゃないか」のほうが、インパクトがあるからだ。たとえば、学校や会社の基本的なルールを守らない人間に対して、そのルールの由来をいちいち話していられない。そんな場合は、「わかりきった話じゃないか」と一喝するほうが効果的だ。

こんなケースもあるにはあるのだが、「そんなこと、わかりきった話じゃないか」は、苦し紛れの言葉にもなりやすい。ここは、「わかりきった話じゃないか」で逃げずに、まともに向き合いたい。説明できるところまでは説明し、それから先は「わからない」と答えたほうがいい。「どうだろうねえ」でもいい。いい指摘だと思ったら、「たしかに、そうだね。よく気づいたね」とほめることも、忘れないようにしたい。

説明できるところまで説明し、わからないことに対しては「わからない」と言ったほうがいい。

「部長がこういう考えだから」
権威に頼りすぎた、思考停止状態の日本語

上司と部下で議論になったとき、上司が部下を抑え込むのに、よく使うセリフが、「部長がこういう考えだから」だ。あるいは、「専務がこう言っていたから」「課長の話だと……」などだ。

こう言われると、部下もさすがに何も言えなくなる。ここは引き下がらざるをえなくなるが、けっして納得したわけではない。それどころか、ときには上司には軽蔑の念を強くしているかもしれない。

「部長がこういう考えだから」は、権威に頼りすぎた言葉だからだ。もちろん、その上司本人が部長の考えに疑問を持ちながらも、「専務がそう言っているのだから、私自身は反対なのだが、やむを得ない」というニュアンスで語っているのなら、部下も納得せざるを得ないだろう。だが、専務や部長を絶対的な権威と見なし、権威を完全に正しいと思っていて、疑わないでいるとすれば、部下の中には不満を持つ者も多く

出てくるだろう。権威の言葉について自分で考えてみようともせず、思考停止状態に陥っている。それは、知的な姿の正反対にある。部下からバカにされて、当然なのだ。「部長がこういう考えだから」は、お追従《ついしょう》にもなっている。たとえ、そこに部長や専務がいなくても、自分が言った言葉は回り回ってその人に伝わると踏んでいる。そうなれば、忠誠を尽くす愛すべきやつと思ってもらえる。「部長がこういう考えだから」と言う人は、そんな小ずるい計算には長《た》けているのだ。その小ずるさは、部下の軽蔑の対象になっている。

要は、「部長がこういう考え」という言葉を用いるときには、かならず自分の意見を加えることだ。「部長は不採算部門の切り捨てに肯定的な考えなのだが、私は疑問に思っている。不採算部門にも、黒字転換の可能性がまだ残されている。ただ、部長の方針は会社の方針であって」などと自分の意見も添えれば、知的な印象を与えることができる。お追従者とも思われない。

「部長がこういう考えだから」と、「だから」でつづけないことだ。「だから」からつづければ、権威の利用になりやすい。「部長はこういう考えで」「部長はこういう考えなのだが」と言って、あとをつづければ、自分の意見を添えやすいのだ。

社外でも、「部長はこういう考えですから」式の言葉を使っていると、仕事相手の信頼を失うことになる。もちろん、知的とは思われない。専務や部長の考えを伝えるときは、かならず自分の意見も言うことだ。

「部長がこういう考えだから」ではなく、「部長はこういう考えで」として、あとに自分の意見を添える。

「気がします」「思います」

自信のなさがミエミエのぼかしの日本語

私がよく口にする言葉の一つに、「気がします」がある。談笑中、「そんな気がしますね」「これはそうでもない気がします」「ここは、肯定的に見ていい気がします」などと、「気がします」を連発してしまっている。あとで思うと、知的な感じがしない。ときどき言うのなら問題ないが、何度も使っていると、自信なげな印象が強くなり、言葉に説得力がこもってこないのだ。

「気がします」をつい言ってしまいがちなのは、日本人として育ったからでもある。日本は、婉曲表現の文化のある国だ。ストレートな物言いは嫌われやすいが、だからといって、「気がします」と婉曲な物言いをつづけては、自信なげ、知的な感じにはならないのだ。

プライベートの会話で「気がします」を連発しがちな人は、ときおり「思います」に変えるといい。これだけで言葉に抑揚が生まれ、自信なげな印象を払拭できる。

気をつけたいのは、ビジネスの現場に立ったときだ。職場で「生産が減っているような気がします」、あるいは「新製品がすでに出回っているように思います」と言ったのでは、上司からバカの烙印《らくいん》を押されかねない。事実に関しては、「気がします」「思います」ではなく、データを示さねばならない。データを調べたうえで、「生産が減っています」「すでに新製品が出回っています」と言うことだ。

もちろん、未来を予測したり、疑問を抱いたりしたときは、ビジネスの現場で「気がします」は許される。「このデータ、少しおかしな気がするけれど、調べてくれるか」「近い将来、輸入が増えそうな気がするが、君はどう考える」なら、問題ない。

また、「思います」という言葉にも気をつけたい。会話の中で自分の考えを述べるときに、「思います」とするのは、しかたない話だ。問題は、文章を書くときだ。「思います」と書くと、主張自体が自信なげなイメージに映る。学生に文章を書かせると、「思います」を多用する。「思う」というのは、基本的に感情に関わる言葉だ。これではあまり知的な印象を与えない。それよりは、「考えます」のほうが知的になる。

ビジネス文書、論文で、主張をするときは「思います」ではなく、「考えます」。

「そこの白いやつ、取って」

上品でありたい人が使うと台無しになる日本語

身だしなみや言葉遣いで上品を意識している人でも、つい使いがちな言葉に「やつ」がある。英語で言うなら代名詞のｏｎｅで、要は「あれ」だ。たとえば、上の棚にある白いハンカチを取ってほしいときに、「白いハンカチ」と言わず、「そこの白いやつ、取って」などと言う。

「やつ」は私の娘もよく使う言葉で、たとえば私に買い物を頼むとき、「ヨーグルトの大きいやつを買ってきて」などと言う。私の娘はふだんから丁寧な言葉を使うわけではないが、それでも「やつ」という言葉は気になる。

先日、百貨店でも、上品な身なりの女性が言うのを見かけた。タオル売場で店員に「あの上のほうにあるピンクのやつ、取ってちょうだい」などと言っていた。

「やつ」は人間を指すときにも使う言葉で、「やつは逃げた」などと好ましく思わない相手に使うことが多い。人間相手に「やつ」を使うのは下品だとわかっている人も、物ならつい使ってしまう。

物相手でも下品であることは確かで、別の言葉に言い換えたほうがいい。「あれ」でも上品とは言えず、先ほどの例なら「ピンクのタオル」と言えばいい。

「タオル」という言葉が浮かばないとき、つい使いたくなる気持ちもわかるが、上品でありたいと思うなら、ここは代名詞より名詞を使いたい。

上品でありたいなら「白いやつ」ではなく、「白いハンカチ」などと名詞を使う。

「本当の自分」

自信のなさを隠すための都合のいい日本語

「本当の私をわかってくれない」「本当の私はそんな人間ではない」。そのような言葉を使う人がいる。どうやら、そのような人はどこかに「本当の自分」がいると思っているようだ。そのような人は、「自分探し」といった言葉を使い、本当の自分を見つけるために、海外ボランティアへ出かけたり、いまの職場では本当の自分でいられないので。自分探しのため転職をする、といったことをしたがる。

そもそも、「本来の自分」があると思っているところが、愚かしいと私は思う。若者であっても、これまで十数年は生きてきている。二〇年以上生きている者もいる。十数年は、大きな積み上げといえるだろう。十数年の間に、何度も生き方を選択して、いまの人生がある。そこまで選択してきたのに、「いまの自分は本来の自分ではない。本当の自分があるはずだ」というのは、いままでの人生の選択を否定しているようなものだ。それは、まさしく自己否定の考えとしか言いようがない。

「本当の自分探し」に憧れるのは、自分に自信がないからだ。いまの自分に自信がないから、べつの自分が欲しい。べつの自分なら自信が持てるかもしれないと、本当の自分がどこかに落ちていないかと探し回っている。そんなありもしない「自分探し」をしていては、永遠に自分に自信が持てない。自分探しをしているかぎり、自分をつくり上げていけない。

私は「自分探し」には否定的だが、「自分づくり」はすべきだと思っている。自分というのは、どこかに落ちているものではないのだ。自分という存在は、つくるしかないのだ。自分で自分をつくり上げていくのなら、しっかりとした自分になっていく。その過程では、失敗もいくたびかあろうが、自分に自信も持てるようになる。

自分づくりは、いまからいくらでもできる。本気になれば、もっとたくましい自分だってつくれるし、面倒臭いのなら、ホームレスの自分だって選択していけるのだ。いまの会社に不満だからといって、よその会社に本当の自分が落ちているわけではない。いまの会社でも、自分づくりはできるはずだ。

「自分探し」ではなく、大事なのは「自分づくり」。

「私ですか？」

いきすぎた謙虚さのため、うっとうしい日本語

学生相手に一対一で話しているときだ。気軽なやりとりの中で「どんな音楽が好きなの？」と尋ねると、学生が「私？」「僕？」と聞き返してくる。この「私？」「僕？」は、うっとうしさを感じさせる日本語だ。

「私？」「僕？」と聞き返してくる学生は、悪気があったわけではない。むしろ、謙虚さを表そうとして、「私？」「僕？」と言っている。本人には、「私ごときにお聞きになるんですか？」「僕なんかが答えていいのですか？」といった意識があるかもしれない。あるいは、ちょっとだけ考える間がほしくて時間稼ぎをしているのかもしれない。それが「私？」「僕？」というセリフになるのだが、言い返されたほうは戸惑ってしまう。

その場で会話しているのは、私とその学生だけだ。私が質問する相手はその学生しかいないのに、本当に自分のことか確認してくる。これには、「おまえに決まってい

るだろう」と辟易してしまう。

これは、大学のみの話にとどまらない。一般世界でも同じだ。上司に「あの仕事は、どうなっているのか」と尋ねられ、「私ですか？」と答えたら、上司は怒りだすかもしれない。人と向かってしゃべっているとき、何かを尋ねられたなら、「私？」「僕？」で聞き返さないのがルールだ。ここはすぐに答えていい。「どんな音楽が好きなの」なら、「J-POPです」などと答える。上司から「どうなっているのか」と尋ねられたなら、「現時点では○○です」と答えればいい。

一対一の場面で相手に尋ねられたなら、「私？」「僕？」と聞き返さない。

「俺はいいんだよ。でも、まわりは嫌だと思うよ」

自己弁護イメージの強い、ズルい日本語

後輩や部下に説教したり、たしなめたりするときだ。「俺はいいんだよ。でも、まわりは嫌だと思うよ」と言う人がいる。「おまえのその行為を皆が疎んでいるが、俺は違う。でも、皆が嫌がっているのだから、その行為はやめろ」という意味合いだ。

本人は、度量のあるところを見せたいのだろうが、言われた相手が度量のある人物と見ることはない。むしろ、度量のない、ズルい人物と映るだろう。

「俺はいいんだよ。でも、まわりは嫌だと思うよ」は、自分は寛大なところを見せて安全な立場にいながら、相手から悪く思われないように配慮している。それなのに、周囲の目という虎の威を借りて、相手を非難している。言い換えれば、虎の威を悪者に仕立てて、自分の考えを押しつけようとしている。そのため、一種の卑劣さが出てしまうのだ。

もちろん、本当に後輩や部下のためを思って、今のままで周囲の顰蹙《ひんしゅく》を買うことを

心配して忠告する場合もあるだろう。だが、そんなときには、「俺はいいんだよ」という言い方はしないだろう。
後輩や部下に説教するとき、「俺はいいんだよ。でも、まわりは嫌だよ」は逆効果だ。そんなことを言わず、「君のその言い方は気をつけたほうがいい。なぜなら……」と理論立てて説教したほうがいい。最初は反発するかもしれないが、論理的に説明すれば、相手の理性が働きやすく、納得に至りやすいのだ。

遠回しに非難するのではなく、ストレートに説教したほうがいい。

「君（あなた）のための言っている」

＜他人を口実にして自分の憤懣をぶつける卑劣な日本語

説教するときに、感情的に激してくると、「君（あなた）のために言っているんだ」と言う人がいる。「そんな言葉を使っていると、まともな仕事なんか来ないぞ。言葉遣いに注意しろと言っているのは、君のために言っているんだ」といった具合だ。本心から相手を思って言っているなら、それは説得力のある言葉にもなるが、そうでもないケースもある。

自分の相手に対する憤懣《ふんまん》をぶつけたいとき、「君（あなた）のために」を口実としているケースだ。「だいたい、君はいつもだらしない。服装も言葉遣いもそうだ。君がだらしないから、今回、相手を怒らせてしまったではないか。君のだらしなさは、社内でも悪評が多いぞ。少しは、改めたらどうなんだ。俺は怒って言っているんじゃない。君のために言ってるんだ」。

あるいは、「その歳になって、こんなこともできないのか。少しは、ものを考えてから行動しろ。ふだんからボーッとしているからダメなんだ。いいか、これは君のためを思って言ってるんだぞ」といった類だ。このケースでは、本音では相手のことを不快に思っている。「おまえは不愉快なやつだ」とは言えないから、あれこれ相手の欠点をあげて相手を責める。あまりに責めた場合、自分が相手を不快に思っていることが伝わりやすい。そこでエクスキューズとして、「君のため」を入れるのだ。

もちろん、言われた当人は、言葉どおりに受け取らない。「そうは言いながら、俺のことを嫌っているんだろ」ぐらいには感づく。感情的なしこりが残り、「君のために言ってるんだ」は、あとあとまで尾をひきかねない言葉なのだ。

「あなたのために言ってるんだ」は、子どもに勉強を強制するときによく使う言葉でもある。ここで勉強しておくことが将来のためになると思っての発言だが、残念ながら、子どもは目先のことしか考えない。「将来のため」と言われても、理解できない。親が「あなたの将来のため」と言っても、空回りするだけだ。

「君のために言ってるんだ」は、本当に部下や後輩を思っているときのみ許される。

2章

自分勝手な日本語

——物事を決めつけ、自分の考えを押しつける

頭のよさ＝客観的に柔軟な考え方ができること

そのため、視野が狭い表現や、自分の価値観を強要したり自分の考えを相手に押しつける表現は、バカっぽく見えてしまう。本章では、そんな「自分勝手な日本語」を紹介しよう。

「常識だよ」

多様性を無視した決めつけの日本語

自分が知っている世界だけが正しく、それを知らない人をバカにするような発言をする人がいる。「常識だよ」も、その一つだ。「常識」とは誰もが知っているべき事柄を指すが、自分にとっての常識が相手にとっての常識とは限らない。

「常識だよ」は、私が娘から家事に関してよく言われる言葉だ。たとえば娘が新型コロナウイルスにかかって外出できず、代わりに買い物に行ったときだ。「スーパーで鶏の胸肉を三枚買ってきて」と頼まれたので鶏肉売場に行くと、棚には厚いブロック状のものばかり並んでいた。「三枚」と言われて紙のような薄いものをイメージしていた私はほかにないか探すと、薄切りにしたものが見つかり、それを買って帰った。ところが娘が求めていたのは厚いブロック状のもので、鶏の胸肉ではこれを一枚、二枚と数えるらしい。「そんなの常識だよ」とあきれたように言われた。

「こんなの常識だよ」には、「こんなことも知らずに、よく生きてこられたね」という意味が込められている。とくに年配相手に言うときはそうだ。だが、当時の私は鶏肉など買ったことがなく、少なくとも私の生きてきた世界では、鶏肉を一枚、二枚と数えるといった知識はなくても困らなかった。「そんな常識だよ」は、そうした私の背景を否定されたようで、私としては少々ムッとした。

また、「クイックルワイパーを買ってきて」と頼まれたときも、クイックルワイパーを知らず、ヨーグルトの名前かと思い、ヨーグルトコーナーを探し回った。最終的に店員さんに聞いて清掃用品コーナーに連れていってもらったが、私の世代でクイックルワイパーを知らない男性は多いはずだ。

育った世代や環境、属している社会によって、常識はそれぞれ違う。「常識だよ」はそうした多様性を無視して、自分が高みに立とうとする言葉だ。家族間ならちょっとムッとするだけの笑い話ですむが、上司や先輩に「それ、常識ですよ」と言うのは傲慢きわまりない。逆に言えば、親子など親しい関係でのみ許される言葉を公の場で言うのは幼稚であり、分別ある大人の使う言葉ではない。

「常識だよ」は、世代や環境などの違いを考慮していない幼稚な言葉。

「私的には」

自意識過剰なため、愚かに見える日本語

自分の考えを人に伝えるとき、「私的には」と前置きをしてから話す人がいる。「私的には、それでいいと思う」「私的には、あまり好きじゃない」といった具合で、とくに若者によく見られる。

本人はさほど違和感がないかもしれないが、周囲には非常に愚かしく、また傲慢に聞こえる言葉だ。「私的には」という言葉には、自分という存在をことさら強調して悦に入っている姿が透けて見えるからだ。

「思う」と言っているのだから、主語が自分であるのは当たり前だ。わざわざ「私的には」と言う必要はなく、あえて言うところに「私はほかの人は違う」と言いたい気持ちを感じさせる。

さらにこの言葉が愚かなのは、文法的に間違っているからだ。「～的」は本来、名詞につけて「～のような」「～に関する」といった使い方をする。「文学的な表現」「科

学的な手法」などが正しい使い方で、私に「～のような」を意味する「的」を続けるのはおかしい。「私は」と断定するのを避けたいのだろうが、そこに甘えを感じて不快に思う人もいる。

「私的には、それでいいと思う」ではなく、主語を外して「それでいいと思う」で十分で、「私」を強調したいなら「私は、それでいいと思う」と言えばいい。

似た言葉に「個人的に応援しています」など、「個人的」という言葉があるが、これは問題ない。個人的は「公的」の反対語で、「公的には応援できないが、個人的に応援している」という意味になる。

「私的には」ではなく、「私は」もしくは主語をつけない。

「どこがいいのか、さっぱりわかりません」

自分の物差しを絶対視した傲慢な日本語

映画や音楽、小説の感想を言い合っているときだ。自分からすればワケのわからない作品、あるいは自分にとって最低の作品を、相手がベタぼめしていることがある。そんなとき、「それのどこがいいのか、さっぱりわからない」「それの何が面白いのか、さっぱりわからない」などと言ってしまう人がいる。

本人は、つい本音を言っただけのことかもしれない。あるいは、その作品を徹底的に叩きたくて言ってしまったのだろうが、これは傲慢な言葉であり、相手は反論のしようもない。

「どこがいいのか、さっぱりわからない」という言葉には、「自分の物差しがすべて」という意識が露骨に表れている。人の価値観はそれぞれで、人によって見る角度も異なる。そうした他人の価値観をいっさい認めていない物言いなのだ。それに、批評にもなっていないから、相手に呆れられるだけだ。

じつは、この言葉はネット書店のレビュー（感想）欄の常套句《じょうとうく》だ。売れていない本に対してならまだしも、売れている本に対しても、「どこがいいのか、さっぱりわからない」と書いている人が多い。売れたということは、その本をいいと思って買った人が多くいるということだ。「いい」と思った人が一定数いるのは事実なのに、「どこがいいのか……」と書いたのでは、自分の理解力不足を吹聴しているようなものだ。あるいは、もともと理解するつもりもなく、ただけなすのを楽しんでいるとしか思えない。

その作品を認めることができないなら、その理由を具体的に挙げればいい。これなら批評になり、相手だって反論のしようもある。

世の中は、自分の理解できるもので構成されているわけではない。自分の理解力を超える事象はいくらでもあり、その事実を受け止めるのが、謙虚な考え方だ。逆に、「どこがいいのか……」という言い方は、「自分の理解できないものは、存在すべきでない」という意識の表れにほかならない。これは傲慢で、自己中心的に映る。

「どこがいいのか、さっぱりわからない」は、他人の価値観を認めない意識の表れ。

「～はあり」「～はなし」

ノリのよさでしゃべっているだけの、一方的な決めつけの日本語

学生や若い社会人たちの間でよく飛び交う日本語に、「～はあり」「～はなし」がある。たとえば、「いまどき本を読むなんて、なしでしょ」「この季節なら、山登りもありでしょ」といった具合だ。

こうした会話を聞くたびに、日本語の劣化を感じる。「本を読む」という行為に「あり」も「なし」もない。山登りも「あり」や「なし」で語る事柄ではない。「いまどき本を読む行為は時間の無駄に思う」「この季節は山登りにふさわしい」などと言えばいいのに、「あり」「なし」という短絡的な二項対立で語っているのだ。

そこには、なぜそう判断したのかについて思考の過程がまったく見えない。ただ、その場のノリで語っているだけで、説明を省略しすぎている。これはテレビのバラエティ番組の影響があるように思う。

たとえば「贈答品に石鹸を贈るのはありか、なしか」などと聞き、ある人は「あり」、

ある人は「なし」と答える。視聴者として見ている分には面白いかもしれないが、あくまで番組を盛り上げる演出であり、人と人との会話の場面で使う言葉ではない。「贈答品に石鹸を贈る」にしても、「なし」と答えたのでは、その後の会話が成り立たない。石鹸を贈るのは「ふさわしくない」「喜ばれない」など、もっと適切な言葉はいくらでもある。

そもそも「あり」「なし」という言葉自体、バラエティ番組に影響された言葉で、自分の言葉ではない。テレビで面白かったからといって、日常生活でも使うというのは、虚構と現実の違いがわかっていないことでもある。すぐに「あり」「なし」で物事を語る人は、ほかにふさわしい言葉がないか考える習慣をつけることだ。

「～はあり」ではなく、なぜそう思うのかを思考の過程も含めて語る。

「意味わかんない」

自分を低レベルにとどめる、幼稚な日本語

大人が若者と話していてショックを受けるのが、若者から「意味わかんない」と言われたときだ。たいてい、大人が若者を諭そうとしたり、叱ったりしているときだ。「意味わかんない」と言われると、大人は二の句を継げなくなる。「意味わかんない」は、対話を拒否し、相手を冷たく攻撃した言い方なのだ。

「意味わかんない」は、ふてくされた気持ちから出た言葉だろう。大人が言っていることに反論できないし、大人をへこますほどの能力もない。まともな反論を思いつかないから、「意味わかんない」と言って逃げているのだ。「意味わかんない」を捨てゼリフにして、対話を拒否している。

「意味わかんない」と言ったほうは、会話をバッサリ断ち切り、そのときは胸がすくかもしれない。うまく切り捨てたと思っているかもしれないが、結局は自分の損になる。「意味わかんない」は、紋切り型の言葉でしかない。「意味わかんない」を連発し

ていると、周囲を不快にさせ、相手にされなくなるばかりか、自分の言葉を磨くこともなければ、反論に頭を使うこともない。語彙《ごい》が乏しく、頭の悪い若者のままだ。これでは、能力の高い大人になることはできない。

だいたい「意味わかんない」は、子どもがよく使う言葉だ。子どもは、自分の世界に気に入らないものがあることを許せない。そこで親に叱られたり、説教されたりしたとき、すぐに「意味わかんない」と逃げてしまうが、大人の世界では、自分の気に入らないものが数多く存在する。成長しても「意味わかんない」を言っていたのでは、精神的に子どものままだし、社会はその言葉を許してくれない。

常識ある社会人になりたいのであれば、「意味わかんない」という言葉を抑え、反論したいときは反論の言葉を探すようにしたい。

気に入らないときは、「意味わかんない」で逃げるのではなく、反論する。

「つまり、どういうことですか？」

自分の理解不足を棚に上げて思考放棄した日本語

会話の途中で、「つまり、どういうことですか？」と聞いてくる人がいる。あるいは、「ひと言で言うとどんなことですか」と聞いてくる人もいる。このひと言は、相手をムッとさせるが、当人はそれに気づいていないようだ。

説明している人は、できるだけわかりやすく話しているつもりだ。話も短くしようとしている。それなのに、「つまり、どういうことですか？」「ひと言で言うと、どんなことですか？」と言われると、もう説明しようがない。

たしかに、下手な話をする人がいる。長々と話しても、わかりにくい話もある。そんなとき、つい「ひと言で言うと、どういうことですか」と尋ねたくなるものだ。それが部下や同僚に対してならいい。しかし、目上の人の、しかも少し考えればわかりそうな話なのに、「ひと言で言うと、どんなことですか？」と尋ねると、相手を辟易させる。

「つまり、どういうことですか?」「ひと言で言うと、どんなことですか?」には、さしてものを考えず、自分がラクをしたい態度が透けて見えるのだ。自分ではわかろうとする努力をしないくせに、相手には「もっとわかりやすく話せ」と強要しているようなものだから、相手にはじつに高慢な物言いに映る。

「つまり、どういうことですか?」という言い方は、テレビでよく耳にするので、それを使う人は、その影響を受けているのかもしれない。テレビでは、コメンテーターが五秒程度で話をまとめてみせることがよくある。コメンテーターは、その目の前で手早く答えを出してくれるが、これはあくまでテレビの世界の話で、一般社会ではありえない。世の中、そんなにわかりやすくはできていない。

また、テレビの世界に慣れていると、テレビから教えてもらうことが習慣になる。自分でわかろうとする努力をしなくなるが、これまた一般社会ではありえない。一般社会ではわかる努力をしないと、相手にしてもらえない。「つまり、どういうことですか?」は、わかる努力を放棄している言葉であり、相手には社会人失格に映るのだ。「つまり、どういうことですか?」「ひと言で言うと、どういうことですか?」という言葉が出かかったとき、自分がわかる努力をしてきたかを考えてみたい。

「もっと、わかりやすく言ってもらえませんか」も同じだ。本人は正直な感想を述べただけかもしれないが、自分の無知を棚に上げた雰囲気がある。わかろうとする努力が感じられず、相手を不快にさせてしまう。

この場合、どこがわからないかを伝えることだ。どこがわからないかを伝えるなら、思考放棄とは見なされない。相手を不快にさせずにすむはずだ。

「つまり、どういうことですか?」を言う前に、自分でわかる努力をしたか考えてみる。

「○○に決まっている」

少ない情報から無謀な決めつけをする日本語

居酒屋で話が盛り上がってくると、推理大会にもなる。殺人事件や誘拐事件が起きたとき、誰かが「犯人は、営業マンのAというやつに決まっている」「じつは、Bちゃんの母親が犯人に決まっている」などと言いだす。これは、じつに頭の悪い日本語で、その場の知的レベルを大きく下げ、会話を虚しいものに変えていく。

居酒屋での推理談議は、少ない情報をもとにしているにすぎない。テレビを見ていたら、いかにもAという男が怪しそうだった。女性週刊誌を読んでいたら、被害者のBちゃんの母親の人相が最悪だった。その程度の少ない情報から、自分で推理したつもりになって、「犯人は○○に決まっている」と探偵気取りで言っている。本人は冴《さ》えたことを言っているつもりかもしれないが、傍《はた》から見ていると、いい加減な与太話としか言いようがない。

この類の話は、家庭でもあるだろう。多くの家庭で、テレビのニュースを見ながら、家族同士で「犯人は○○に決まっている」式の話をしているのではないだろうか。「あれは、母親がやったに決まっている」「第一発見者の奥さんが殺したのよ」と言いだす。話の出所を聞けば、テレビや週刊誌のわずかな情報だ。警察にはもっとたくさんの情報が寄せられているだろう。まだわからないこと、一般には知らされていないことがたくさんあるだろう。それがわからなければ、何一つ推理することはできないはずだ。そんな中で推理しても、当事者に失礼なだけだと思うのだが、しゃべっている人はそうは思わないらしい。

推理談議を楽しみたいなら、「私は、○○さんが怪しいと思うよ」と自分なりの観察結果を言うにとどめる。さらにいいのは、ネタ元を明らかにすることだ。「テレビでは××が怪しいというイメージの報道をしていたけど、新聞報道はそうはなっていない。今回の新聞報道を読んでいくかぎり、怪しいのはむしろ発見者の○○のほうでしょう」などと言えばいい。

「犯人は○○に決まっている」ではなく、「私は、○○さんを怪しいと思うけど」。

「絶対に気に入ると思う」

押しつけがましい困った日本語

趣味の話で盛り上がるのは楽しいものだが、ときどき場をシラけさせてしまう言葉を言ってしまう人がいる。「絶対に気に入ると思う」もその一つだ。「あの映画、絶対に気に入ると思うから、ぜひ見てよ」「この本、絶対気に入ると思うから、貸してあげる」などと押しつけてくる。

本人は、好意のつもりだろう。「絶対」と言うからには本人なりの確信があってのことだろうが、言われた側はありがた迷惑を感じる。価値観の多様性に目がいかず、自分の価値観を押しつけてきているのだ。これで押しつけられた代物が、自分の気に入れば、まだいい。気に入らなかったとき、どう感想を言ったものか困ってしまう。そこまでの配慮ができていない言葉なのだ。

そもそも、人のすることには「絶対」というものは存在しない。それなのに「絶対」と言ってしまうと、どうしても知的レベルを疑われる。その程度の知的レベルの人に

「絶対に気に入ると思うよ」と言われても、信用できっこない。

逆に言えば、知的レベルが低いから、押しつけが平気になるとも言えるだろう。私自身、クラシック音楽を聴き始めたばかりの若い知り合いを相手に困ったことがある。私はクラシック音楽が好きで、CDを1万枚近く所有しているが、もちろん苦手な作曲家、嫌いな作曲家がいる。まったく評価していない作曲家ももちろんいる。

ずっと昔から勧められて閉口しているのはマーラーだ。「マーラーを聴いてみてよ。樋口さんだったら、絶対マーラー信者になりますよ」。五〇年以上前から、何度そのようなことを言われてきたことか。「マーラーを理解できないなんて、クラシック好きと言えないよ。聴いてみれば絶対すごさがわかるよ」などとも何度も言われた。

マーラーは、言わずと知れた後期ロマン派の大作曲家で、本格的なクラシックの好きな人のかなりがマーラーの交響曲に親しみ、しばしばコンサートで聴いた感動を口にする。一時期は私ももしかしたらそうかもしれないと期待を抱いて、マーラーの交響曲を聴いてみた。だが、聴けば聴くほど嫌いになる。ふつうに嫌いというレベルではない。交響曲を聴いているうち、第一楽章のはじめあたりで、腹が立ってくる。我慢できなくなって最後まで聴きとおせない。レコード店に行ってマーラーの音楽がかかっていると、それだけで毒ガスを嗅いだように気分が悪くなる。一度だけ何かの間違いでマーラーの曲をコンサートで聴いたが、拷問に等しかった。途中で外に出たいと思ったが、真ん中あたりの席だったので、それもできなかった。それ以来、私がマーラーを好きになるなどはありえないことであって、一生マーラー嫌いとして生きていこうと決心したのだった。

人の好みは様々だ。多くの人が好きでも、それを大嫌いな人間もいる。もちろん逆のこともある。自分の気に入った作品を人に紹介するのはかまわない。ただそのとき、「絶対に」と押しつけるのでなく、根拠を言って勧めればいい。「○○を好きだったら、おそらく××にも興味が持てると思うよ」と言えば、押しつけがましさがなく、聞いてもらいやすい。

人に何かを勧めたいときは、「絶対気に入る」ではなく、根拠を挙げる。

「みんなでやろう」

善意を押しつける全体主義的な臭いのする日本語

「みんなでやろうよ」「みんなで行こうよ」は、学生がよく使う言葉だ。学生たちは、飲み会に行くにも、イベントを行うにも、みんなでやりたがる。それは、仲間外れをつくらないための配慮でもあり、善意でもある。といい方向に解釈しても、その一方で、「みんなでやろうよ」は、うっとうしい日本語でもある。

「みんなでやろうよ」は、ときに善意の押しつけ言葉にもなる。本当はやりたくない人もいるのに、強引に誘っている。人にはそれぞれ好き好きがあるし、個人的な事情もある。みんなで何かをするのが、好きでないタイプの人もいる。「みんなでやろうよ」には、そのあたりの事情を無視した、どこか異を唱える人やわが道を行きたい人を許さない雰囲気がある。その意味で、全体主義のはじまりのような言葉でもあるのだ。

「みんなでやろうよ」と言ったあと、「俺はやめておくよ」と言った者が出てくることはある。このとき、「残念だけれども、しかたないね」と言えれば、問題はない。

寛容な気持ちからの「みんなでやろうよ」は、あっていい言葉だと思う。

問題は、「じゃあ、この日をやめて、君も参加できるこの日にしようか」といった場合だ。善意で言ったのだろうが、ここまで言われると、相手は断りにくくなる。わが道を行きたい人にとっては、強制を感じることになる。

最悪なのは、「みんなやろうとしているのに、なぜ一人だけ嫌がるんだよ」と文句を言うことだ。これは「みんなでやろう」の押しつけであり、反対を許さない態度だ。これはあまり不寛容であり、全体主義につながりかねない。

異を唱える人に、「みんなでやろう」を押しつけてはいけない。

「無添加」

自分と価値観の違う人を排除する日本語

食品や調味料などで「無添加」をうたう商品は少なくない。「保存料無添加」「化学調味料無添加」「着色料無添加」などとパッケージなどに書き、あたかも「体にいい」「良心的につくっている」といったイメージを出そうとしている。

このような商品を好んで買う人も少なくない。もちろん、どんな商品を買うかは人それぞれで、自分が気に入ったものを買えばいい。問題は、自分が「無添加」にこだわっているからといって、そうでない人をあたかも「知識の乏しい人」「意識の低い人」のような目で見る人たちだ。

そもそも私に言わせれば、「無添加」は食品メーカーやメディアのイメージ操作に過ぎない。私の妻の実家は農家だが、農家にとって無農薬で作物をつくるなど常識としてありえない。仕事として売り物になる農作物を安定的に供給するには、農薬は不可欠だ。

添加物も同じで、「保存性をよくする」「味をおいしくする」「見た目をよくする」など、必要があるから入れている。「無添加」をアピールして、それでも商品として成り立つのは、必ず何か仕掛けがある。保存料を入れなければカビが生えるのに「保存料無添加」とあれば、別の方法でカビが生えない仕掛けをしている。それが必ずしも体によいものとは限らない。

あるいは「着色料無添加」とあれば、着色料以外の添加物は入っているということでもある。「すべて無添加」と書いているわけではないから、嘘ではない。メディアなどの影響で「無添加」という言葉を好む消費者が増えているので、「無添加」をうたう食品が増えているだけともいえる。

また、「添加物＝体に悪い」というのも真実ではない。添加物の量は、厚生労働省が上限を定めている。市場に流通しているものは、厚労省の基準を満たし、健康的に問題がないと証明されたものだ。そこを無視して「添加物＝体に悪い」とするのもメディアに踊らされているといえる。

メーカーが添加物を使うのは、「価格を安くするため」「長期保存を可能にするため」など消費者の便宜を考えてのことだ。それをありがたいと思う消費者もいる。そこを考えず、「添加物の入ったものを買うのは愚か」と決めつけるほうが、「大企業＝悪」といった紋切り型の愚かさを感じる。

同じような印象を受けるのが、「生」という言葉だ。「生うどん」「生ラーメン」なども「乾めんより上等」といったイメージがあるが、必ずしも生がいいとは限らない。鮮魚で言えば、「朝獲《あさど》れ」もそうだ。朝獲れ以外は「鮮度が悪い」と相手にしない。

そのこだわりぶりは、ある意味、宗教のようでもある。

もちろん何を好むかは人それぞれだが、問題はそれに共感しない人たちを排除していることだ。「無添加」や「生」といった言葉には、そんな側面があることも覚えておきたい。

「無添加」を好む人は、そうでない人を排除していないか注意する。

「そういえば、私もこの前〜」

自慢話にしかならない、場を乱す日本語

ご婦人同士の話を聞いていると、「そういえば、私もこの前〜」が乱れ飛ぶことがある。ほとんど会話になっていない。ご婦人同士の場合、納得ずみの乱発のようだから、まだいい。男女数人で会話を楽しんでるとき、あるいは一対一で会話をしているときの「そういえば、私もこの前〜」は場を乱す。相手はうんざりした気分になり、話をまともに聞いてくれないだろう。「そういえば、私もこの前〜」は、あまりに自分しか見えていない言葉なのだ。

まずは、相手の話を横取りしていることが問題だ。相手は気持ちよくしゃべっているのに遮られてしまうから、不愉快に思わないはずがない。

加えて、「そういえば、私もこの前〜」につづく話は、たいてい自慢話だ。人の自慢話ほど、つまらないものはない。そこに強引に引き込んでしまうのだから、聞かされるほうはうんざりする。

私自身、海外旅行の団体ツアーに参加すると、「そういえば、私もこの前～」によく出くわす。この言葉のあとにつづくのは、どこそこへ行った自慢だ。誰かがロシアを訪れたときの話をしていると、そこに「そういえば、私もこの前～」とはさみ、つづいてイタリアに行った自慢話がはじまるといったケースだ。言った当人には、場を乱している自覚もない。みんなで楽しく会話している気になっている。

「そういえば、私もこの前～」は、基本的には使わないほうがいい言葉だ。それよりも、人の話を聞く姿勢を見せることだ。そのほうが、ずっと頭がよさそうに見え、好感をもたれる。目安として、自分の話の割合は相手の二割くらいにとどめたい。人はどうしてもおしゃべりになりがちだから、二割と決めておけば、三割程度にとどまるはずだ。

「そういえば、この前～」と人の話に割り込むのではなく、人の話を聞く姿勢を見せる。

3章

距離感を誤った日本語

――上から目線、仲間内にしか通じない言葉…

頭のよさ＝自分と世界の距離感を把握する力

そのため、立場の強い相手や目上の人に対して人間関係を同一視すると頭が悪く感じる。仲間内にしか通じない言葉も同じだ。本章では、そんな「距離感を誤った日本語」を紹介しよう。

「行けたら、行きます」

＜一見便利だが、じつは「上から目線」の日本語

会合やイベントに誘われたとき、つい言いがちなのが「行けたら、行きます」だ。もちろん、あらたまった会合に、そんな言葉は使わない。だが、なかには縛りのゆるい会合もある。担当者同士のちょっとした情報交換会や同じ役職同士の連絡会もあれば、得意先の開くイベントといったものもある。行かなくても問題ないのだが、行ったほうが角が立たないといった会合、イベントだ。

そんな会合やイベントに誘われたとき、「行けたら、行きます」は、一見便利な言葉だ。忙しいときは、これが本音でもあろう。「行けません」と言うと角が立つが、「行けたら、行きます」と言えば、積極性を演出できる。行けなくても勘弁してもらえると思っているだろうが、じつは人を不快にさせる言葉だ。

「行けたら、行きます」は、上から目線言葉なのだ。上司が部下の誘いに対して、「行けたら、行くよ」なら、まだいい。上司のほうが立場が上であり、上司にはほかにし

なければならないことも多いからだ。けれども、部下が上司に対して「行けたら、行きます」と言ったのでは、相手を憤慨させる。最悪なのは取引先に対してだ。取引先に「行けたら、行きます」と言ったのでは、取引先は自分たちが軽く扱われていると思う。取引先は、顔では笑っていても、内心は憤慨している。

同僚や仲間同士の飲み会でも、「行けたら、行きます」と言う人は嫌われる。皆が楽しくやろうとしているのに、一人だけ高みに立ったイメージが強いからだ。また、幹事からすれば、来るか来ないかわからない人間がいるとすると、その分だけ気を使わねばならず、愉快ではない。

忙しくて、つい「行けたら、行きます」を使ってしまいがちだが、ここは思いとどまることだ。ビジネスでは誘われたかぎり、「参加します」が基本だ。無理なら、「本当は行きたいのですが」と断ったのち、事情を話す。仲間同士の飲み会であれば、行くか行かないかをはっきりさせる。来るか来ないかで、幹事をイライラさせなくてすむ。

「行けたら、行きます」は幹事泣かせの言葉。行けない可能性が高いのなら、「本当は行きたいのですが」と断ってから事情を話す。

「そんなことだろうと思ってた」

あと出しじゃんけんに等しい無責任な日本語

誰かが失敗する。上司を含めて周囲の人は、何も言わずに見ていたのに、失敗とわかったとたんに、「そんなことだろうと思ってたよ。あんな仕事ぶりだと、うまくいかないのはあたりまえだよ」などと、さも前から失敗を見越していたようなことを言う。

もちろん、実際にハラハラしながら見ていた場合もあるだろう。「このままでは失敗するぞ。でも、本人があれほど自信たっぷりなので、しばらく様子を見よう」などと考えて、本人に任せるのが最も好ましいと考えて、あえて口に出さずにいた場合もあるだろう。だが、そんな場合にも、それが仕事をしている本人にとっても、周囲の人にとっても大事な仕事なら、一言アドバイスするべきだろう。それをしなかったとすると、失敗するのを楽しみにして、あとで笑いものにしてやろうと考えていたのではないかと疑われてもしかたがない。

だが、実際には、まったく失敗を予見していたわけでもなく、あとで話を聞いて、まるで前からわかっていたように「そんなことだろうと思ってた」という場合のほうが多いのではないか。

これはまさにあと出しじゃんけん。結果がわかった後で、まるで自分はすべてを見通していたかのように口にする。しかし、いうまでもないことだが、これはあまりに無責任な言葉だ。「わかっていたのなら、さっさと前に言えばいいじゃないか」と実は誰もが思っている。言っている本人だけが、まるで自分が優れたような言い方をしているが、周囲はまったくそのように思っていない。

他人の失敗ではない場合にも、この日本語は使われる。激しい雷雨のために電車がしばらくストップする。何かの事情のためにイベントが中止になる。古い電化製品が壊れる。老朽化した道路が陥没する。そんなときに、「そんなことだろうと思ったよ。そんなことがきっとあると思っていた」などと語る人がいる。

もちろん、そのようなことを予見して、前もって何らかの行動をしていたのなら、それは称賛すべきことだ。電車が止まったときのため、イベントが中止になったときのために、自分なりの心づもりをしていて予備策を講じているのならいい。あるいは、何か大きな危険がありそうなことを、どこかで発信して注意を呼びかけていたのならいい。だが、このようなことを言う人に限って、そのようなことはしていない。ただ口先だけで、「自分は前もって予見していた」といったことを言いたがる。

前もって何らかの形で口にしていたこと以外は、「そんなことだと思っていた」とは口にしないと心しておくべきだ。そうでないと、予見性を感心されるどころか、無責任な態度をみんなの前で披露してしまうことになる。

「そんなことだと思っていた」は、はっきりと前もって予見して対策を取っていたときのみに使う。

「ご存じないんですか?」

狭い世界しか知らないのに高みに立った日本語

職場で、年配と若者が話しているとき、若者が「えっ、ご存じないんですか?」と声をあげることがある。たいていは、流行や一部の風俗についてだ。年配が「えっ、そんなもの知らないよ」「何のこと?」と反応すると、若者はまるで鬼の首を取ったような気分になる。ふだんエラそうなことを言っているくせに、こんなことを知らないなんて後れていると半ば軽蔑し、「知らないんですか?」と言ってしまうのだ。

言った当人は上位に立ったつもりかもしれないが、相手を不快にさせているだけだ。また、愚かなやつとも思われていることも多い。

もちろん、皆が知っているべき事柄ならべつだ。ビジネスマナーや社会常識、一定の漢字の意味を知らないとなると、「知らないんですか?」は許される。知らない当人に奮起を促す意味もあるのだが、若者の「知らないんですか?」は、流行や知的でない事柄を対象にしての言葉だ。こんなことは、知らなくても恥ではない。それなのに「知らないんですか?」と言うと、大人の常識を知らないやつと思われる。「こんな瑣末《さまつ》なことを知っているのが自慢とは、呆れたね」とも思われてしまう。

じつのところ、私も娘から「えっ、知らないの?」とよく言われる。つづけて、「時代についていけないよ」とも言われる。娘が話す歌手の話は、ほぼ一〇〇パーセント理解できない。「ゆず」の話では、それが食べ物のことではなさそうだとわかるまでにしばらくかかった。「ポルノ」(ポルノグラフィティのこと)の話では、私はいかがわしい写真を思い浮かべながら聞いていた。娘は私を無知だと思っているようだが、私に言わせれば、私を無知と思うほうが無知なのだ。

また、知的レベルの高い話題でも、「知らないの?」は品位を問われる言葉だ。「えっ、ニーチェの永劫《えいごう》回帰説も知らないの?」「え?、マキャヴェリの『君主論』も知らないの?」などと言えば、たしかに相手をへこませられるかもしれない。あるいは、知的優越感に浸れるかもしれないが、知的な人間と見られることはない。

知的レベルの高い話は、えてして専門的な話題のことが多い。専門家やマニアしか知らない話はいくらでもあり、門外漢相手にそれらについて「えっ、知らないんですか?」と言っても、知らないのが当然だ。相手は、知らなくてもいいことに対して「知らないの?」と言われて当惑する。そればかりか、わざと人の知らない専門知識を振り回して、知的ぶりたがる態度に、品性の卑しさも感じる。

相手が流行を知らないとわかったときは、「えっ、知らないんですか?」とバカにするのでなく、どんな人たちが知っている話なのか語ることだ。「いまの若い人なら、みんな知っているよ」「テレビの世界では、いま流行だよ」と言えば、相手もなるほどと思う。流行に後れている自分にも、納得がいく。

あるいは、「すみません。知らなくていいことです。つまらないことを言いました」とフォローする手もある。

相手が知らないことを無知と思うのではなく、どんな人たちが知っている話なのかを説明する。

「仕事をやらさせていただきます」

敬語慣れしない人の言いがちな誤った日本語

敬語のみっともない使い方の一つに、「やらさせていただく」がある。「仕事をやらさせていただきます」と言って、きちんとした敬語を使った気になっている。あるいは、手紙に「手紙を出さささせていただきます」と書く人もいれば、「本を読まさせていただきました」と言う人もいる。

これらは「さ入れ」言葉といい、まず文法的に間違っている。「さ」は不要で、「やらせていただく」、あるいは「仕事をさせていただきます」でいい。「手紙を出させていただきます」は、「手紙を出させていただく」、「本を読まさせていただきました」は、「本を拝読しました」で十分だ。

「やらさせていただきます」はまだマシなほうで、学生の敬語にはもっとひどい誤りがたくさんある。自分の父の在宅を表現するとき、「お父さんが帰っていらっしゃる」と、身内に敬語を使っている学生もいる。「集会においでになりますか?」と聞かれて、

「八時においでになります」と、自分に尊敬語を使った学生もいた。

おかしな敬語を平気で使ってしまうのは、敬語を使い慣れていないからだ。敬語を使わないでいると、敬語が怖くなる。怖くても、社会で暮らしていれば、敬語を使わなければならない場面は、かならず出てくる。慣れない敬語を使わねば、というプレッシャーから、おかしな敬語を使ってしまうのだ。

その意味で、最近気になるのが「れ足す」言葉だ。「行けれる」「書けれる」など、本来は「行ける」「書ける」でいいところを「れ」を足して話す。

これは「ら抜き」言葉への過剰反応だろう。本来、「着られる」「見られる」というところを「着れる」「見れる」など「ら」を抜いて話す。これは文法的な間違いで、そんな言葉を使う若者が増えていると、かつてよく言われた。

言葉は変化するもので、現在は「ら抜き」言葉は日本語としてもはや定着しているから、間違いではないという声も増えている。それでも「ら抜き言葉を使ってはいけない」という強迫観念から、つけなくていい言葉に「れ」を足してしまう。やはり敬語に慣れていないことから、このような間違いをしてしまうのだ。

「ら抜き」言葉については、簡単な見分け方がある。その動詞を命令形にするというものだ。「れ」になるものは「れる」、「ろ」になるものは「られる」になる。「着る」の命令形は「着ろ」だから「着られる」、「見る」の命令形は「見ろ」だから「見られる」といった具合だ。「太る」の命令形は「太れ」だから、「太れる」でいいとわかる。

敬語を使いこなそうと思ったら、敬語を自分で覚え、使っていくことだ。多少失敗はあるかもしれないが、若いうちなら許される。仲間内でこもっていないで、大人とつきあうことで、敬語を使う機会は増えてくる。そのチャンスを生かすのだ。

「さ入れ」言葉、「れ足す」言葉、「ら抜き」言葉など、敬語の間違いに注意。

「だから！」

無意識に相手を見下した、頭ごなしの日本語

接続詞の「だから」は、言うまでもなく、順接を示す。「今日は暇だ。だから、映画を見に行く」「今度、出張に行く。だから、その準備をしなければならない」というように、その前に語ったことの必然的な結果を示すときに使う。そして、もちろん、ほとんどの場合、同じ人物が、「だから」の前と後を語る。

ところが、誰かが何かを語っているとき、ほかの人が、「だから」と言って割って入ることがある。誰かが出張に行く話をしている。そこで先輩が、「だから、準備しなくちゃいけないでしょ」などと口を出す。

初めから語っていた人の言いたいことが、「だから」のあとに語られるのならまだいい。それでも、場合によってはまさに上から目線で指示をされる形になるので、不快になることもあるだろうが、まあ、そこはやむを得ないことも多い。目上の人が口を出したのであれば、素直に従わなければならないことも多いだろう。

ところが、ときに、「だから」のあとが、本人の言いたいことではないことがある。出張の話をしているのに、横から、「だから、さっさと今の仕事を仕上げてくれよな」などと言ったりする。口を出すのが、それが役目の上司ならともかく、そうでなければ、まさに上から目線の失礼な押しつけでしかない。

いや、そのような用法もまだマシなほうだ。相手の話をさえぎって、「だから」と言い出す人がいる。出張の話をしているとき、「だから、私が今そのための下準備をしてあげてるんでしょ」といった具合だ。

ときに、「だからあ！」と苛立たしげに語る人もいる。「おまえはそんなこともわからないのか。前にも言っただろ」といった口ぶりだ。「だからあ、俺が今それをやってるんだよ」などと怒気を含めて語られる。

いやいや、「だから」の前と後の関係が、聞いている人に伝わるのであれば、失礼とはいっても、まだしも救いがある。ときに、それがわかっているのは語っている本人だけで、周囲のだれにも謎のことがある。

「だからダメなんだよ」「だから嫌われるんだよ」「だから言ったでしょ」「だから、それだとうまくいくわけないでしょ」「だから、俺がやるって言ってるだろ」などという言い方だ。このような場合、その前にきちんと根拠に当たることが語られていないことが多い。「だから言ったでしょ」と言っても、はっきりと前もって言っていない。本人だけが、なんとなくそれらしいことを言った気になっているのだ。

ここで言われる「だから」は、順接の接続詞ではなく、打ち切りの接続詞とでも呼ぶべきものだ。「つべこべ言うな。これで話を断ち切ろう、あとは俺の言うことを聞け」という言葉なのだ。あえて言うなら、「私がこう主張している。だから、もうそれ以上、蒸し返すのはやめろ」という意味での「だから」だ。

このような表現は失礼極まりない。お互いにけなしあえるような親しい間で笑いながら使うのならいいが、社会的な場で使ってしまうと、相手を見下す侮蔑の表現になってしまう。

「だから」と言いそうになったら、「だから」が上から目線の反発を買いやすい言葉であると、思い出す必要があるだろう。

● 相手の話をさえぎって、「だから」と言ったりしない。
● 「だから」は、上から目線の反発を買いやすい言葉と知っておく。

「フォロワー数が○人になった」

上には上がいることに気づいていない愚かな日本語

いまや若者はもちろん、ビジネスマンや中小企業の経営者でもネットを使って情報発信するのが当たり前になった。私のように自分のブログで発信する人もいれば、フェイスブックやツイッターなどSNSを使う人もいる。ユーチューブなどを使って動画配信する人も珍しくない。

そんな人たちが、ついやりがちなのが「数自慢」だ。いつもよりコメントが多く来たり、フォロワー数が増えたり、再生回数が伸びたりしたときだ。つい「この前、こんな情報をアップしたら、いままでにないほど『いいね！』が来た」などと言いたくなる。

せっかく投稿したのだから、反響が多ければ嬉しい。人にも話したくなる。とくに数字はわかりやすいので、「フォロワー数が三〇〇〇人を超えた」などと数字で自慢したくなる。

親しい人にたまに言うなら、これも愛嬌《あいきょう》の一つだが、あまり得意げに言ったり、さほど親しくない人に言うのは考えものだ。相手は「それは、すごいですね」と感心した態度を示すかもしれないが、内心、「その程度で自慢する愚かしいやつ」と思われかねない。

数というのは、周りを見渡せば必ず上がいる。その道のプロならともかく、素人が自慢しても、自慢した相手のほうがもっと数が上ということだってある。数自慢は、自分の世界の狭さを公言しているようなものなのだ。

私自身、数自慢で恥ずかしい思いをしたことがある。コロナ禍がかなり落ち着いた二〇二三年二月に、サウジアラビアを巡るパックツアーに参加したときだ。

サウジアラビアは長い間、観光客を受け入れていなかった。二〇一九年に受け入れを始めたが、すぐに新型コロナウイルスの感染拡大により、日本からの観光客はほとんど行けない状態が続いていた。

そうした中で参加したツアーで、同行者は一〇人いた。私はこれまで四五カ国程度の外国を訪れている。そのことを得意げに話したら、同行者の半数ぐらいが一〇〇カ国以上を訪問していたのだ。

考えてみたら当たり前で、サウジアラビアのような国に来る人は、海外はあらかた行きつくし、ほかに行くところがないという人なのだ。そんな人たちに子どもじみた数自慢をしたことを大いに恥じた。

振り返れば、ほかにもさんざん数自慢をしてきた。「毎年一〇〇回以上コンサートに行っている」「ベートーヴェンの第九のCDを三〇〇枚近く持っている」「ワーグナーはCD、DVD、ブルーレイ合わせて一〇〇〇枚以上持っている」などと知人などに言ったり、ネットに書き込んだりしてきた。ただ、私としてはとても楽しい自慢なので、これからもしたいと思っているが、これが少々下品でみっともないことだとの自覚を持ちながら、恥ずかしそうに自慢しようと思っている。

SNSのフォロワー数、「いいね！」の数、動画再生回数などの「数自慢」は恥ずかしいこと。

「私って～じゃないですか」

自意識過剰な恥ずかしい日本語

テレビなどでかわいい女性タレントが言いだして流行した表現なのだろう。最近では一般の人も使いだしているようだ。

「私って猫好きじゃないですか。だから、こないだも道を歩いていたら……」「私って、はっきりものを言うタイプじゃないですか。だから言ってやったんです」などと使う。

それならまだいい。

「私って内気じゃないですか」「私って繊細じゃないですか」などと、本当に内気だったり、繊細だったりしたら、そんなことを言えるはずのないようなことを臆面もなく言うこともある。

本人としてはきっと、「私は猫好きなんです」「繊細なんです」と言うのを断定口調に感じているのだろう。そのうえで、聞いている人に相槌《あいづち》を打ってもらって、同意してもらったうえで話を進めたいと思っているのだろう。むしろ、謙虚な気持ちの表れであって、とくに、自我意識が強いというわけではないのかもしれない。

しかし、そのようなことを聞いているほうとしては、「おまえが猫好きかどうかなんて、知ったこっちゃないよ」「おまえが繊細だなんて、笑っちゃうよ」と言いたくなる。これを有名タレントが親しい人に言っているのならいい。いや、有名タレントではなくても、一般人がごく親しい人に言っているのならいい。親しくもない人も、さもみんなが自分のことを知っているかのように語る。みんながその人の関心を持っていて当たり前のような表現をする。本人の意思はどうあれ、まさに不遜この上ない。いや、それ以上に自尊心過剰が見え透いている。

このような表現をする人は、このように「私は……な人」という言い方もよくする。「私って、変わった人じゃないですか」「私って、いろんなことに好奇心を持つ人じゃないですか」などという言い方だ。「私は……な人」という表現をすることでも、いっそう不遜だ。

これも、きっと本人としては、「私はこうなんです」と言うのがはばかられるので、ぼかすつもりで「……な人」と言っているのかもしれない。しかし、そもそも「あの人はこういう人だ」とは自分では言えないはずだ。そのような言い方は、物事から少し距離をとって普遍的、客観的に言うときに使う。自分に使うと傲慢な雰囲気になってしまう。とりわけ、「変わった人」というのは、もちろん、ほめ言葉ではないが、自分を特別とみなすことであって、これまたあまりに不遜。同じくらいの知的レベルの人ばかりで話しているのならいいが、常識を備えた大人を相手にそのようなことを言うと、むしろ大恥をかいてしまう。

「私って……じゃないですか」と言いたくなったら、「私は実は……なんです」「私には……な面もありますので」などと言うのがうまい方法だ。

「私って……じゃないですか」は自尊心過剰な不遜な表現なので、「私は実は……なんです」「私には……な面もありますので」と言い換える。

「ウケる」

隠語で人を貶める悪意ある日本語

学生同士でときおり「ウケる」という言葉を使っているのを見かける。「ウケる」はもともと、人気のある商品や面白い作品などに使う言葉だ。「子どもにウケるオモチャ」「あの芸人のギャグ、ウケるよね」といった具合だが、気になるのが相手をバカにする意味で使う「ウケる」だ。

たとえば巷ではやっているお菓子の話で盛り上がっているときだ。「それって何?」「どこで売ってるの?」などと聞いた人に「えっ、知らないの? ウケる〜」などと言う。場の空気が読めない人、流行遅れな人を嘲笑するときに使う。

私も学生から言われたことがある。学生が軽い冗談で言った言葉に真面目に受け答えしたところ、「先生、それウケる」と言われた。明らかに侮蔑の意味があり、不快な思いをした。

「ウケる」は本来、悪い意味ではない。だから「ウケる」と言っても悪口にならないと思っているようだが、悪意は必ず相手に伝わる。本来の意味と違う意味で使っている点では、ある意味、隠語の一種だ。隠語は排除の言葉であり、知的な人間の使う言葉ではない。

隠語という意味では、ネットで使われる「草」も同じだ。おそらく多くの人は「草」という字を見ても意味がわからないだろう。

私も人から聞いて知ったが、ネット用語で「面白い」「笑う」の意味で（笑）と書くことがある。そこから音が同じ（藁《わら》）を使うようになり、藁から草に変わっていったという。あるいは（笑）をｗと書くこともあり、なかにはｗｗｗと書く人もいる。草が生えたように見えることから、草となったという説もあるらしい。

いずれにせよ、知らない人には、まったく意味不明な言葉だ。仲間内の言葉であり、しかも人を貶《おとし》める意味合いが強い。総じてネット用語、なかでもネットスラングと呼ばれる言葉に通底する話で、これらが知的な日本語ではないことは自覚しておきたい。

人を貶める「ウケる」は隠語であり、知的な人は使わない。

「これ、流行っているんですよ」

自分の頭の中で咀嚼しない浅薄な日本語

中高年と会話するとき、流行の話を挟み込みたがる若者がいる。少しは中高年に流行を教えてやろうという気になって、「これ、流行《はや》っているんですよ」と言ったりする。たとえ善意からであっても、相手は善意とは取らず、うっとうしいやつを相手にしたと思うだろう。「これ、流行っているんですよ」は、言った当人の浅薄さを感じさせる言葉だからだ。

もちろん、言った本人が、「困ったことに、今、こんなものが流行ってるんですよ」というニュアンスで口にするのならいい。そうであれば、中高年の人々もそれほど違和感は抱かない。だが、往々にして、「これが流行っているのを知らないなんて、時代遅れですね」というニュアンスが含まれる。少なくとも、そう思われてもやむを得ないような口調で語られる。

だが、「これ、流行っているんですよ」と言われても、言われた当人は関心がないことも少なくない。それなのに、流行だから興味を持って当然のように語るところが、うっとうしく感じられるのだ。

それに、流行を安易に肯定しているように見えるところも浅薄に感じられる。そもそも、流行というのは、今では以前と同じ意味を持っていない。たしかにかつては大きな流行の波があり、多くの人がそれに合わせた時代もあった。だが嗜好《しこう》が細分化された現代、大きな流行はない。細分化された狭い世界の中で、人気・不人気はあっても、それを流行とまで言っていいか疑問だ。小さな世界で人気があるからといって、すぐに「これ、流行っているんですよ」と言うのでは、あまりに安易すぎる。

もちろん、情報に敏感になり、情報アンテナを高めること自体は、悪くない。高いアンテナを張りめぐらせ、さまざまな世界の情報をキャッチしていくのはいいことだが、問題はそこから先だ。何でもかんでも情報として受け入れるだけでは、情報を本当に取り込んだことにはならない。

情報を受け入れたのち、これを取捨選択、咀嚼《そしゃく》していくことで、初めて情報は生きるし、その人に血肉化される。「これ、流行っているんですよ」と言っている人は、たいていその作業をしないままだ。だから話が上滑りで、その世界に興味のない人でも引きつけるような話ができない。そうなると、浅薄《せんぱく》な人としか見られない。

流行について語りたいなら、まずは自分の中で情報を整理することだ。その流行の何が新しくて、どこが人を引き寄せているか、あるいは、次はどうなるのか、自分の頭で考えてみる。そこから生まれてきた自分の考えを相手に話せば、情報力のあるやつと思ってもらえるだろう。

新しい情報は自分で整理することで、「これ、流行っているんですよ」と言ってバカにされることがなくなる。

「業界から取り残されますよ」

現状を本当に理解もしていないのに上から目線の日本語

オフィスの会議で、若手からよく出る言葉に、「こんなことをやっていたら、業界から取り残されますよ」「このままでは乗り遅れてしまいます」などがある。たいていは、血気さかんなビジネスマンの言葉であり、改革しなければいけないと焦りから出たものだろう。会社のためを思っての言葉でもあろうが、かえって反発される結果になる。傲慢な若者という印象が強くなり、オフィスで浮いてしまうことにもなる。

「業界から取り残されますよ」「このままでは乗り遅れてしまいます」という言葉は、脅しを含んでいるからだ。脅しの言葉に関しては、目上の者が目下の者に使うのは許されても、その逆はありえない。目下の者が目上の者に脅し言葉を言うのは、傲慢、かつ不遜な印象を与える。「いったい誰に向かってしゃべっているのか、わかっているのか」と、周囲に受け取られる。

加えていえば、その焦りは、生半可な知識と経験からくる焦りであることが多い。

会社の古株になると、会社の実情や社会というものを若手以上に知っている。さらに、頭の中ではどんな改革が必要なのか、その構図を描いている。それらの事実を知らないで、自分だけが会社の問題点を知っていると思い込んでいる。周囲は改革を考えているのに、自分だけが改革を考えているかのような視野狭窄《きょうさく》に陥り、それが焦りとなり、傲慢な脅し言葉にまでなっているのだ。

会社の問題点に気づき、改革を考えることは、悪いことではない。改革の提案をすることも、悪くない。ただ、そのとき、「取り残されます」と脅し言葉を吐かないように注意したい。

改革を提案するとき、「このままでは業界から取り残されます」という脅し文句は使わない。

「（目上の人に対して）期待しています」

部下が上司に言ってはいけない不遜な日本語

オフィスでは、部下が上司に多少、お追従を使うことがある。軽いお世辞なら、人間関係を円滑にもしてくれるのだが、ときどきおかしな言葉でお世辞を言い、かえって逆効果になることがある。その典型が、「期待しています」だ。

上司がこれから大仕事に取りかかるとき、部下は上司を励ます意味で言いたかったのだろう。けれども、「期待しています」は、部下が言っていいセリフではない。「期待しています」は、上下関係のある言葉だ。上司が部下に「期待しているよ」と言うのはかまわないが、その逆はない。上司に対して「期待しています」と言うのは、上司をヒラ扱いしているようなものだ。上司からすれば、常識のない部下と苦笑してしまう。

それ以前に、部下が上司の仕事をどうこう言うのが不遜だ。たとえ励ます意味であれ、部下には上司の仕事に口をはさむ権限がないと思って間違いない。

社会人になって、このような言葉を使ってバカにされないためには、学生時代から気をつけておきたい。私も学生や予備校生から「次の本、期待しています」と言われ、注意することがある。彼らがこのまま社会人になれば、オフィスで恥をかくことになるのだ。

私に言う場合、「次の本、期待しています」ではなく、「次の本、楽しみにしています」ならば問題はない。「楽しみにしています」という表現方法を知らなかったばかりに、目上の人の不興を買ってしまうのだ。

オフィスで上司への敬意を表したいなら、仕事が終わったあと、「勉強になりました」を使うといい。上司の仕事ぶりを見て、この言葉を言うなら、上司も部下を憎からず思うはずだ。

●上司に使う言葉は「期待しています」ではなく、「楽しみにしています」。
●上司の仕事に敬意を表したいなら、「勉強になりました」。

「（目上の人に対して）上手になりましたね」

目上相手には厳禁の差し出がましい日本語

人をほめるのはいいことだが、何でもかんでも無条件にほめていいわけではない。ほめ言葉を贈ったつもりが、相手を怒らせることもある。とくに気をつけたいのが目上、あるいは赤の他人をほめるときだ。たとえば、部下が上司に「iPadの使い方、上手になりましたね」とほめても、上司はいい顔をしない。「なんだ、この野郎、エラそうに」と悪感情を持たれかねない。

上司だって、その道の達人からほめられるなら、うれしい。技量の上達を評価されたからだが、ただの人からほめられても、うれしく思わない人も少なくない。親しい人間ならともかく、部外者から言われると、「俺は劣っていると思われていたのか」と、見下された気分になることもある。

部下からほめられても、同じことだ。上司によっては、「あいつは俺が新しいものが苦手だと見下している」という目で、部下を見るようになる。

さらに言うなら、目上の人間のなかには、目下の者にいちいち評価されるのを不快に感じる人も多い。評価するのは目上の者の仕事であって、たとえ苦手な分野であれ、目下からとやかく言われるのを好まない。目下の人は、それを知っておかないと、こっぴどく怒られることがある。

私自身、そんな経験をしている。私が三〇歳前後の頃、ある大学の女性教授と談笑していたときだ。その教授はとても知的な方だったが、自動車運転免許の試験に何度も落ちていた。「また、落ちちゃったのよ」と自虐ネタにもしていて、ならばと私も冗談めかして「才能ないんじゃないですか」と軽口を叩いた。

このひと言に、教授は顔色を変えた。しばらくは口もきいてくれないほどの怒りようだった。いかに自分で才能がないと公言している分野であれ、目上の人は目下の者からあれこれ言われるのを不快に思うのだ。

ほめるとは評価すること。
目上の人相手のほめ言葉は不快に思われることもある。

「頑張ってください」

相手への配慮を欠いた心ない日本語

「頑張ってください」「頑張れ」は、誰でも気軽に使う言葉だ。親しい者同士で、「明日のプレゼン、頑張れよ」「試験に向けて頑張れ」くらいなら、まったく問題ない。ただ、「頑張れ」は、周囲を見ないで使うと、自己中心的な言葉とも、心ない言葉とも受け止められる。

「頑張れ」を言って逆効果になるのは、ギリギリにまで追い詰められた人に対して使ったときだ。一生懸命頑張ってきたと、自負にしている人についても同じだ。

極限に追い詰められた人の場合、もうこれ以上頑張りようがない。そこに「頑張れ」と言われると、「いったい、どうしろというのか」と反発を買うことになる。その典型が、地震や津波の被災者だ。東日本大地震後、東北の人たちに安易に「頑張れ」と言わないようにする流れが生まれた。これも、被災者をできるだけ気遣ってのことだ。被災者に対する「頑張れ」は、被災の実情も知らない人の安易な励ましに映るのだ。

あるいは、ふだんから一生懸命頑張っている人の場合、彼の自負心や職人魂を傷つける言葉になる。多くのビジネスマンは、仕事を一生懸命にこなし、頑張っている。そこに「頑張ってください」と言うのは、「まだ頑張り方が足りない」と苦言を呈しているようなものだ。「あなたに何がわかる」と反発を買うだけで、まったく励ましにならない。

かなり昔のことになるが、ある野球選手がファンから「頑張って」と声をかけられ、ファンに怒りを向けたことが新聞沙汰になった。怒る選手にも問題はあるが、その選手の気持ちもよくわかる。プロ野球選手の中でも格別、練習熱心なことで知られる彼にすれば、「これ以上、何を頑張れというのか」という気持ちだったのだろう。

人を励ますとき、安易に「頑張れ」と言えないとなると、心苦しく思う人もいるかもしれない。だが、実際、部外者の「頑張れ」は、逆効果を生みやすい。極限にいる人に対しては、黙っておくのも一つの見識だ。何かに向かって努力をしている人に対してなら、「応援しています」と言えばいい。

「頑張ってください」ではなく、「応援しています」と言い換える。

「ヤバいですよ」

視野が狭い混乱を招きやすい日本語

最近の若者がよく使う言葉に、「ヤバい」がある。「ヤバくないですか」「ヤバいですよ」「ヤバすぎ」などと使い方もいろいろだが、人前で使って、これほど混乱を生じさせやすい言葉もない。「ヤバい」は、いつのまにか多義的な言葉になっているからだ。

私の家でも、「ヤバい」による混乱がある。息子と娘が会話中、娘がモデル出身の女優を指して、好意的な口調で「あの人、ヤバい」と言った。それを聞いた息子は、「えっ、『ヤバい』ってプラスの意味で使うのか？」と驚いていた。息子と娘は一歳半しか違わないのだが、「ヤバい」の認識に差があったのだ。

もともと「ヤバい」は、「危ない」「マズい」というマイナスの意味で使われてきた。それが近年、若者の間で、「常軌を逸して素晴らしい」というプラスの意味で使われるようになった。若者が仲間内で盛り上がるのに使うのはいいが、オフィスや学校など公式の場で「ヤバい」を使うと、混乱を呼んでしまう。

それなのに、オフィスや学校で平気で「ヤバいですよ」と言う若者がいる。本人は流行に合わせたつもりかもしれないが、まずは混乱を招く。いったいどんな意味で使っているのか、相手にはわかりかねる。そのうえ、愚かで視野の狭く、自信のないやつという印象を持たれてしまう。

若者が使いがちな「ヤバい」は、広い世界では特殊な言葉だ。そのことをわからずに使っているとしたら、愚かで、視野が狭い。逆に、そのことを知りながら使っていたとしたら、他人に特殊な言葉を押しつけて、共感を得ようとしていることになる。それは横暴な行為であり、見方を変えると、自信のなさの裏返しで、特殊な言葉を公の世界で言うことで喜んでいるとも言える。本人は得意な気分かもしれないが、周囲はシラけ、冷ややかな目で見ている。そのことに当人は気づいていないから、なお愚かしく見えるのだ。

もちろん、マイナスの意味の「ヤバい」も、品がなく、使わないほうがいい。私もときどき使ってしまうのだが、場の雰囲気を悪くしやすい言葉だ。

「ヤバくないですか」は、プラスの意味でもマイナスの意味でも使わない。

「ビミョー」

仲間内以外を排除した不快な日本語

「ヤバい」とともに、若者がよく使う言葉に「ビミョー」がある。これまた一般人が聞いたら戸惑う言葉であり、排他的な言葉だ。

若者に「この映画、どうだった」と聞くと、しばしば「ビミョー」という答えが返ってくる。だが「ビミョー」だけではその人が映画をどう受け取ったのかわからない。

若者の使いがちな「ビミョー」は、仲間内では「悪い」に近い意味のようだが、オフィスや学校では若者の仲間内言葉など知らない。それなのに「ビミョー」という言葉を使われては、何を言いたいかわからず、戸惑ってしまう。

そもそも「ビミョー」には自分がどう思ったのか、説明を拒否している印象がある。「ビミョー」という言葉には排他的な側面が強く、それが聞く者を苛立たせる。このことに若者は気づいていないから、下手をすると広い社会では孤立することになる。

感想を聞かれているのに「ビミョー」と答えるのは、対話を面倒くさがっていることもあるだろう。「ビミョー」と言っておけば、それ以上言わなくていいと思っている。さらに言えば「うるさいから、向こうへ行け」という気持ちもあるだろう。

「ビミョー」のみならず、いまの若者の価値判断を示す言葉には、彼らの仲間内のみで通用する言葉が多い。「ヤバい」＝「最高」、「フツー」＝「悪くない」、「ビミョー」＝「悪い」となる。「ヤバい」と「フツー」の間には、「いいんじゃない？」というものもある。かつて「フツー」が多く使われていたが、最近は「ビミョー」を口にする若者をよく見かける。

若者が「ビミョー」を平気で使っていると、社会では相手にされなくなりやすい。物事の評価を「ビミョー」ですませているかぎり、何がどう面白く、どこがダメなのかを自分の頭で考えることがない。これでは論理力が育たない。大人として生きていこうと思うなら「悪い」、あるいは「よくない」と言い換えることだ。そのあと理由を説明できれば、論理的な思考力も身についていく。

「ビミョー」ではなく「悪い」あるいは、「よくない」と言い換え、その説明づけを考えることで、論理力が育つ。

人の理解力に頼ろうとする
頭の悪い日本語

「〇〇さんがこう言って…、私がこう言って…（直接話法の多用）」

その日の出来事をとりとめもなく話して、聞く者をうんざりさせる人がいる。その典型が、「〇〇さんがこう言って……」「私がこう言って……」の連発だ。

たとえば、「昨日、Aさんが『来月、フランス旅行に行くの。お土産《みやげ》何が欲しい？』と言ったから、私は『ええっ、いいの？　じゃあ、エシレのバターを頼んでいい？』って言ったら、Aさんが『いいわよ。ついでにゲランドの塩も買おうか』って言ってくれて、そうしたらBさんが、『私は香港に行く予定なの。何か欲しいものある？』と言ったので、私は『香港のお菓子なんて、いいかしら』って言ったら……」といった調子だ。

本人は面白おかしく、さも臨場感豊かにしゃべっているつもりかもしれないが、聞いているほうは、誰が何を言っているのか、さっぱりわからない。「〇〇さんは、『××』と言った」という直接話法の多用は、じつはむずかしく、よほどの能力がないとできない。能力もないのに、直接話法を使うから、話が混乱してしまうのだ。

落語はほとんどが直接話法からできている。「八《はっ》つぁんが、『お〜い』と呼んだら、熊公が『何でえ、こんちくしょう』と返事をしたので……」などと、落語家は直接話法を多用する。彼らの直接話法は臨場感豊かだが、それは彼らが相当な話術の持ち主だからできる話だ。一般人が落語家の真似をしても、そううまくはいかない。

直接話法を多用する人は、あまり他人のことを考えない性格だ。「他人は私に関心を持っているから、私の言っていることをわかってくれるはず」という甘えさえある。けれども、人は他人にそれほどの興味がなく、他人の話は整理してもらわないと理解しにくい。

人に話をするときは、間接話法でまとめたほうがわかりやすい。先ほどの例では、「昨日、AさんとBさんと話をしたんだけど、Aさんは来月フランスへ行く予定で、お土産を買ってきてくれるというので、エシレのバターを頼んだら、ゲランドの塩まで買ってきてくれるんですって。Bさんは香港へ行く予定で、お土産はお菓子を頼んだの」と言えば、すっきりする。

人にわかりやすく伝えるには、直接話法ではなく、間接話法で。

「あるものが必要です。そのあるものとは？」

顰蹙を買いやすい、思わせぶりな日本語

最近、私が気になる大学生のしゃべり方の一つに、「あるものが必要です。そのあるものとは？」がある。たとえば学生が人前に立って話をするときなど、「今度の学園祭では、あるものが必要です。あるものとは」などと言う。何だろうかと聞き耳を立てたら、「それは紙です」となり、すっかり拍子抜けしてしまった。もったいぶった言い方をしたくせに、あまりに単純な要求だったから、聞いて損をした気にさえなる。

このしゃべり方そのものは、必ずしも悪くない。まずは「あるものが必要です。そのあるものとは？」と言って相手の関心を引きつけたのち、「それは、オレンジの紙と黒のマジックペン、大型クリップ、懐中電灯」と言う。これなら、言われた側も忘れにくい。

けれども、単純な話に「あるものが必要です。あるものとは」と誘導すると、あとで反発を買いやすい。「あるものが必要です」と言われると、相手は集中力を高めて

聞こうとする。そこで出てくるのがバカバカしいものだと、そんな話に集中したことが悔しくなる。「思わせぶりな言い方をしやがって」といった敵意さえ抱いてしまう。

「あるものが必要です」式の誘導は、テレビの影響によるのだろう。「最近、ある製品が人気です。そのある製品とは」「最近、都心にある動きが見られる。そのある動きとは」などと語って、視聴者の関心を引き寄せる。その間にCMが挟まれたりする。たしかにうまい前ふりだが、テレビとてこれを乱発していると、飽きられる。しまいには、「毎度、もったいぶるわりに、つまらないものを紹介する」と嫌気すら抱かれる。

一般人が安易に真似すれば、すぐにうっとうしがられるのだ。

「あるものが必要です」式の誘導は、大一番でこそ生きる。面白い話を喜んでもらいたいとき、半年に一回程度なら、けっこう効果がある。だが、多用していると、聞く者はうんざりしてしまう。

「あるものが必要です」式は、めったに使わないからこそ、使ったときに生きるのだ。

「あるものが必要です。そのあるものとは？」式のしゃべり方は、ここ一番のときに使うにとどめる。

「つゆだくで」

素人が使うと恥ずかしいツウぶった日本語

その業界のみで通用する日本語を、素人が使って悦に入っている光景はよく見かける。そのような素人の使う業界用語もときにみっともなさを感じさせる。

その典型が、飲食関係だ。寿司屋で、客が「ガリ、ちょうだい」「あがり、お願い」「おあいそ」などと言うのを不快に思っている客も多い。寿司職人が「しょうが」を「ガリ」、「お茶」を「あがり」、「お勘定」を「おあいそ」というのは、しきたりなのだろうが、客が真似するべきものではなかろう。本人はツウぶったつもりかもしれないが、その様子を滑稽に思って冷ややかに見ている人も多いだろう。

牛丼のチェーン店で「つゆだくで」などと注文するのも同じだ。牛丼につゆをたくさんかけてほしいときに使う言葉で、もともとは店の厨房で使われていた言葉だ。アルバイトの学生らが店外でも使うようになり、いつしか広く知られるようになったが、業界用語であることは変わりない。やはりツウぶった、したり顔が透けて見える。

テレビ局の業界用語を使うのも、感じのいいものではない。「まきでお願いします」「今回のＡＫの朝ドラは面白くない」などと本人はわかったふうな口をきいて楽しそうだが、聞いているほうは楽しくない。

「まき」は番組の収録中、予定より時間が長くかかっているとき、進行を急いでほしいという意味で使う言葉だ。私もテレビに出演したときに聞いたことがあるが、日常会話で「そこは、もっとまきでいいんじゃないですか」などと言われたら不快に思う。

また、「ＡＫ」は私が最近知った言葉で、ＮＨＫの東京放送局を指すらしい。大阪放送局は「ＢＫ」と言い、もともとNHK内で使われる符号の「ＪＯＡＫ」「ＪＯＢＫ」から来るもので、ドラマ好きの人たちの間で使われているようだ。

本人は「かっこいい人間」「ノリのいい人間」をアピールしたいのだろうが、気取っているだけの人間にしか見えない。また、「しっかりした自分の言葉を持てない人」という印象さえ持たれてしまう。

さらに言えば、ノリのよい言葉だけに状況によっては相手に腹立たしい思いをさせさえする。私も体験したことがあるが、大学の授業中、イヤホンを耳につけたままでいる学生がいたので注意したときのことだ。以前から反抗的な態度だったこともあり、かなり大声で怒鳴ったところ、ふだん怒鳴り慣れていないこともあり滑舌《かつぜつ》がおかしくなってしまった。

それを聞いて当の学生が「噛んでんじゃん」とバカにした口調で言ったのだ。「噛む」はバラエティ番組などで、お笑いタレントなどがよく使う言葉だ。若者の間ではよく使う言葉かもしれないが、目上の人間に怒られている場で使う言葉ではない。

その学生は私の授業以外でも素行が悪くて、のちに教授会でも対応について取り上げられることになったが、彼の言動で一番腹が立ったのが「噛んでんじゃん」だった。それぐらいノリのいい業界用語は、相手によっては激しく不快を与えると覚えておいたほうがいい。

「つゆだくで」ではなく、「つゆを多めでお願いします」。

「リスケお願いします」

相手に迷惑をかけているのに気軽すぎる失礼な日本語

スケジュールの変更を「リスケ」と言うのが、ビジネスの世界では当たり前になっている。この日と決まっていた予定を変更にするとき、メールなどで「リスケお願いします」などと伝えてくる人も多いが、これは基本的に相手に失礼な言葉だと覚えておきたい。

リスケは「スケジュールを変更する」という意味の英語「リスケジュール」を略した言葉だ。スケジュールの変更をお願いするのに、「リスケ」と略語で言うのは、そもそも失礼だ。

「リスケジュール」なら、その言葉を知らない人でもスケジュール絡みの話だと想像がつく。だが、略語で「リスケ」と言われたら想像がつかず、困惑する人もいるだろう。

ビジネス用語として定着しているとしても、誰もが理解しているとは限らない。その業種の人たちはよく使う言葉でも、業種によっては使わないかもしれない。

メールならネットで検索して意味を理解して返事することもできるが、対面で言われたら「えっ、リスケって?」と相手に質問させることにもなる。「知らなくてすいません」と相手に恐縮させてしまうのだ。最初から「スケジュールの変更をお願いできますか」と言えば、そうしたことは起こらない。

私も突然、業界用語を言われて戸惑ったことがある。まだ私が出版社で本を出し始めた頃だ。編集長から「販促をかけます」と言われたが、当時の私は「販促」が「販売促進」の意味だとわからず、「誰かが反則したのか?」と思った。

出版社の人間同士で言うならいいが、著者にはいろいろな職業の人がいる。内輪同士の言葉を外部の人間に言うのは、基本的に失礼なのだ。

スケジュール変更を「リスケ」と略語で言うのは、変更をお願いする相手に失礼。

「彼はハイスペックだから」

＜不躾を避けようとして、より不躾になっている日本語

パソコンをはじめ、電子機器に苦手意識を持っている人は少なくない。そんな人が、あえて日常語にパソコン用語を使うことがある。「彼はハイスペックだから」などというのも、その一つだ。

スペックは、もともと英語の「スペシフィケーション」の略語で、製品やサービスの仕様や性能のことを指す。「ハイスペック」は性能の高い機械などのことで、近年はとくに高性能なパソコンやスマホなどに使われる。

その「ハイスペック」を優秀な人に対して使うことで相手をほめているつもりだろうが、二重の意味で愚かな言葉だ。

まず、ハイスペックという言葉を使うことに、「自分はパソコンに詳しい」「情報強者」という臭いを漂わせようというエリート意識を感じる。

ハイスペックという言葉を聞いて、なかには意味がわからない人もいるだろう。そ

んなこともおかまいなしにハイスペックを使うのは、相手に自分が言いたいことをわかってもらおうという誠意がない。

もう一つは、スペックがもともと機械に対して使う言葉ということだ。それを人間相手に使うのは、相手を人間扱いしていないことにもなる。その無礼さに気づいていないのだ。

相手の優秀さをほめるとき、昔は「あいつはデキるやつだ」という言葉をよく使った。ただ最近は「デキるやつ」いう言い方を不躾《ぶしつけ》と思う人もいて、代わりにイマドキのオシャレな言葉を使って不躾さをなくそうとしているのだろう。それがかえって不躾になっていることに気づいていないのだ。

相手の優秀さを表現したいなら、おかしな比喩を使わず、「彼に頼むと、こういう仕事はすぐにやってくれる」などと具体的に言うのがいちばんだ。これなら事実であり不躾でないし、相手の優秀さを伝えることができる。

相手の優秀さをほめたいなら、おかしな比喩を使わず具体的事例を挙げる。

「そんなもんだよ」

訳知り顔で嫌みな日本語

「そんなもんだよ」は、私もよく使う言葉なので、つい使ってしまってはときどき反省している。

とくに、学生相手によく「そんなもんだよ」を使うことが多い。学生から「手続きのために教務部へ行ったら、○○が必要だと言われました」という話を聞くと、「手続きなんて、そんなもんだよ」となる。あるいは、「会社の面接で落とされました」と言ってきたら、やはり「人生なんて、そんなもんだよ」と返事する。訳知り顔のワンパターンな言葉だと思いつつも、つい学生相手に使ってしまう。

学生や子ども相手ならまだいいが、「そんなもんだよ」「そんなもんでしょ」を目上の人に使うと、相手の怒りを買う可能性が高い。知人、同僚、夫婦相手でも、同じだ。なかでも能力に関わることで、「そんなもんだよ」を使うと、相手をムッとさせる。

たとえば「ｉＰａｄをこう操作したら、動作がスムーズになった」と知人が得意げに話したときだ。「そんなもんだよ」と答えると、相手はムッとなる。あるいは妻が「英語サイトから初めて買い物したの。やればできるものね」言ったときだ。夫が「そんなもんだろ」で返すと、妻は面白くない。

「そんなもんだよ」は訳知り顔の言葉で、共感力に不足しているのだ。本人は「そんなもんだよ」と言って相槌を打っているつもりかもしれないが、言われたほうは、相手にされていないように感じる。

そればかりか、上から目線の言葉であり、言われたほうは能力の面で見下されている気になる。相手は「自分ができると思って、何をエラそうに」と反発してしまうのだ。

私自身も反省しているが、「そんなもんだよ」は目下からも反発を買いやすい。たとえ、慰めや共感のつもりで使ったとしても不興を買う。私の娘が自動車運転免許の仮免検定試験に落ちたときだ。カーブで縁石に乗り上げて落ちたらしいのだが、このとき、私は「そんなもんだよ」と答えた。私としては「運転免許の試験では一度や二度落ちるのは当たり前だから、気にするな」という意味で使ったのだが、娘は反発してきた。娘からすれば、当然うまくいくと思って受けた試験なのに、「おまえの能力では落ちるのが当然」と言われたようで心外だったのだ。

「そんなもんだよ」は、便利だからつい言ってしまいやすい言葉だが、できるだけ慎みたい。それよりも、べつの言葉で共感したり、慰めたりすることだ。「残念だったね」「これをバネにすればいいじゃないか」。反対に喜ばしいことなら、「ほう、それはすごい」「やるね」などと言えば、反発されることはない。

「そんなもんだよ」ではなく、「残念だったね」「よくやったね」を使う。

「そんなこと、わかっている」

＜人を受け入れようとしない了見の狭い日本語

私が妻を怒らせてしまうことの多かった日本語の一つが、「そんなこと、わかっているよ」だ。妻はテレビか雑誌で情報を得たのだろう。もちろん、その中には私の知らないことも多い。そんなときには素直に聞いた。だが、妻よりも私のほうがずっと知っていることもある。私だって、新聞も読み、ネットも見ている。一般の人よりもむしろさまざまな情報を得ているほうだと自負している。それなのに、ときどき妻はしばしば熱心に語りたがる。

結論だけ言ってくれればいい。それが私の知らないことであって、それに好奇心を抱けば、こちらから質問する。わかりきっていることを長々と説明されると、イライラする。そこで、つい「そんなこと、わかっているよ」と言ってしまうのだが、このひと言に妻は怒りだすことが多かった。

妻が怒るのは当然かもしれない。妻はコミュニケーションを深めたくて、私にあれこれ思いついたことをしゃべっているのだ。妻にとっては話の内容にさほど意味があるのではなく、話すことそのものに意義がある。「そんなこと、わかっているよ」のひと言は、そんな妻からの働きかけを一方的に断つものだ。当人からすればバカにされたうえに、拒否されているようなもので、自分の立場がなくなってしまうのだ。

私にかぎらず、「そんなこと、わかっているよ」とつい言ってしまう人はいるだろう。人の長話、とくに身内のとりとめのない長話を聞いているときに使いがちだが、言ってしまうと相手を傷つけ、許容量の小さい人間と見られてしまう。

とりとめもない長話を聞くのは、面倒くさいことかもしれないが、これが人間関係をつくっていくことも確かだ。相手の話を聞くのも人間関係をつくっていくうえで重要なことだと思っていれば、「そんなこと、わかっているよ」と言わなくてもすむようになる。

また、「そんなこと、わかっているよ」は、おせっかいに対しても言いたくなる。おせっかいするほうは、あれこれ心配でついつい口出ししてしまう。それがうっとうしく感じられ、「そんなこと、わかっているよ」とつい言ってしまうのだ。

私も、この類の「そんなこと、わかっているよ」を言っている。たとえば勤め先や役所に提出しなければならない書類なのに、私は提出し忘れることがときどきある。そんな私の失態を知っている妻が、「書類、忘れないでね。この袋に入れたから」などと言う。私としては子ども扱いされた気になり、つい「そんなこと、わかっているよ」と言ってしまう。このひと言が、妻を怒らせ、ちょっとした言い争いが起こる。妻はせっかくの好意を踏みにじられたように思うのだろう。

こんなときは、言葉を選びたい。「うん、気をつけるよ」でもいいし、「そうだよね」でもいい。これなら、相手を怒らせることもないだろう。妻を亡くした今、あのような言葉遣いをしてしまったことは、後悔していることの一つだ。

おせっかいをうっとうしく思っても、「そんなこと、わかっているよ」とは言わず、「うん、気をつけるよ」。

4章

ワンパターンな日本語

——語彙が貧困で、物事をひとくくりにする

頭のよさ＝言葉をうまくあやつる力

そのため、語彙が貧困で、物事を「一律化（パターン化）」した紋切り型の表現は、頭を使ってない感じがして、知的に見えない。本章では、そんな「ワンパターンな日本語」を紹介しよう。

「めっちゃ」

語彙の貧困を人に知らせる役にしか立たない日本語

いい大人が、「めっちゃ」という言葉を公的な場で堂々と口にしているのを耳にする。「めっちゃきれいじゃないですか」「めっちゃうれしいです」「めっちゃ面白かった」などなど。先日、テレビのニュースで火災を目撃した人が「めっちゃ火が出て」と話していた。

「めちゃくちゃ」という言葉を使う人もいる。「めちゃくちゃよかったです」「めちゃくちゃ感動しました」。この言葉は、「めっちゃ」のように省略されているわけではないので、いくらかまともな表現だ。

この言葉は、もともとは「やばい」などと同じようにマイナスの面を語るために使われていた。「滅茶苦茶」という漢字があてられ、度外れなこと、筋道が通らないことを示すのに使われていた。ところが、近年では、関西の芸人を通じて広がり、プラス面、マイナス面いずれの場合にも度合いの強さを強調するときに使われているようだ。しかも、この言葉は、「めっちゃ大きい」「めっちゃ歩く」「めっちゃ赤」というように形容詞、動詞、名詞のいずれも修飾するので使い勝手がいい。

このように口にしている人は素直な驚きを表現しているのだろう。どんなにうれしかったか、どんなに素晴らしかったか、どんなに火の勢いが強かったかを語っているのだろう。だから、親しい友だち同士の内輪の場でこのような言葉を使って、相手との距離を縮めたり、親しさを増したりするために使うのは、いっこうにかまわない。

しかし、会社内、あるいは見知らぬ人の前でこのような言葉を使うと、その知性を疑われる。

まず、「めっちゃ」という言葉そのものが語彙の貧困さを示すものでしかない。「これまで見た花と違って、紫の色合いがきれい」「そんなことされると思っていなかったのでうれしいです」「火がすごい勢いで噴き上がっていました」などと言ってこそ、聞いている者に状況が目に浮かぶし、しっかりした語彙で語っていることがわかってもらえる。ところが、すべて「めっちゃ」という、かつてはマイナス面を語るときに使われていたこの言葉ですまそうとする。語彙の貧困というほかない。

しかも、この「めっちゃ」「めちゃくちゃ」という言葉は、それを使った時点で、その後に告げられる表現の語彙の質の低さまでもがわかってしまうという点でも要注意だ。

「めっちゃ」のあとにはありきたりの表現しか表れないだろう。「めっちゃ厳粛な雰囲気の仏像だ」などと語る人はめったにいないだろう。必然的に、「めっちゃすごい」「めっちゃ面白い」「めっちゃいい」「めっちゃ走る」などの表現になってしまう。

そもそも、「めっちゃ」「めちゃくちゃ」は、貧困な語彙であるにもかかわらず、その威力を強めようとして強調する用法にほかならない。言い換えれば、「めっちゃ」「めちゃくちゃ」というのは、かつてはやった「超」と同じように、「私は語彙が貧困です」と宣言しているようなものなのだ。

「めっちゃ」「めちゃくちゃ」と言いそうになったら、もっとほかの、より状況が伝わる言葉はないかを頭の中の辞書をくってみることをすすめる。そうしてこそ、大人であることを示すことができる。

「めっちゃ」は語彙の貧弱さを宣言しているようなもの。
より状況が伝わる言葉を探す必要がある。

「すごい早い」「すごいきれい」
感動がまったく伝わらない語彙に乏しい日本語

自分が感動していることを相手に伝えたいとき、つい使いがちな日本語が「すごい」だ。「すごい早い」「すごいきれい」などと言ってしまう。

これは二つの意味で頭がいいとは言えない日本語だ。一つは文法的には正しくないことだ。「すごい」は形容詞で、本来は名詞につく。「すごく」は副詞で、あとに続くのは動詞や形容詞などだ。「早い」も「きれい」も形容詞だから、前につくのは「すごく」が正解だ。一般に許容されるレベルではあるが、「すごい」は「だらしない日本語を使う人」というイメージをもたれやすい。

もう一つ、それ以上に注意したいのが、使いすぎるほどバカに見えてしまうことだ。これは「すごく」にも言えることで、「すごい」や「すごく」を多く使うほど「語彙が乏しい人」に思われるのだ。

「すごい」や「すごく」を使っている本人は思ったまま、感じたままを表現したつもりかもしれない。そのほうが率直に自分の気持ちが伝わり、共感を得やすいと思っているかもしれない。だが実際には、むしろ伝えられていない。

「すごくきれい」は、あまりにワンパターンな日本語だからだ。誰もがよく使う言葉で月並み感があり、ワンパターンの日本語しか使えない人と思われる。

「すごくきれい」は「きれい」を単純化しすぎで、しかも抽象的だ。抽象的な言葉は伝わりにくく、自分の思いをしっかり相手に伝えたいなら、見たままの言葉を使ったほうがいい。たとえば「今日は、ちょっと緑が濃い」「青空が広がっている」「いつもより山の稜線がはっきりしている」などと言えば、見たままを表現していて具体的だ。具体的だから相手の共感も得やすい。

しかも、具体的な日本語は、豊かな日本語に通じる。語彙の豊かな人は、頭のいい人に思ってもらいやすいのだ。具体的な言葉遣いをしていく中で、語彙が豊かになっていくし、実際に頭のいい人になっていく。

「すごい」ではなく「すごく」、「すごく」よりも具体的な言い方に。

「～させていただく」

丁寧に見えて、じつは慇懃無礼が透けて見える日本語

世の中に氾濫している、バカに見える日本語の代表格が「～させていただく」だ。テレビでも俳優が「○○役を演じさせていただいている、△△です」と自己紹介したり、大学教授が「このたび○○という本を出させていただいて……」などと新刊の宣伝をしたりする光景をよく見かける。

同じようにビジネスマンも「係長をさせていただいています」と口にしたり、「入社させていただいて」「お送りさせていただきます」などと、「させていただく」が日本中で氾濫している。

大学でも、オープンキャンパスで「させていただく」が氾濫していた。集まった高校生相手に大学教授が「教授をさせていただいています」と自己紹介をするのだ。一人が言いだせば、次に自己紹介する教授も倣わざるを得ない。教授たちが高校生相手に「教授をさせていただいています」と次々に言う光景は異様ですらあった。

「～させていただく」は、一見すると丁寧な物言いだ。そこから「とりあえずこの言葉を使っておけば無難」と多くの人が口にすることにもなる。だが、逆に言えば「こう言えば文句ないだろう」という慇懃《いんぎん》無礼《ぶれい》な言葉でもある。

ある意味、「みなさまのおかげです」「お客様は神様です」の延長線だ。本心では思っていないのに、「とりあえず相手を立てておけば大丈夫」という生意気ささえ感じる。「あなたを教授にしたのは私ではない」という反発すら感じさせる言葉だ。

もちろん、場合によっては「～させていただく」が適切な場合もある。パーティに招待されて「出席させていただきます」は正しい使い方だ。だが使いすぎは滑稽で、回りくどい言い方に周囲をイライラさせることにもなる。わずか三分ほどのスピーチで、何度も「～させていただく」を言うのは多すぎる。

「～させていただく」を使う人がこれほど増えたのは、ネットの影響も大きいだろう。ネット社会では、ちょっとした言動がすぐ炎上につながる。たとえば俳優が記者会見で「主役の織田信長を演じます」と言えば、「いったい誰のおかげで主役になれたのだ」「監督や配給元、プロデューサーなどへの感謝はないのか」といった書き込みが殺到しかねない。一度叩かれると、過去の言動にまで遡ってあれこれ叩かれることにもなる。

それが怖いから「演じさせていただきます」と過剰にへりくだることにもなるのだ。その意味ではネット社会から生まれた日本語とも言えるが、知的でないことは間違いない。

「〜させていただく」は多くの場合、「〜します」「〜しています」でいい。

「美人すぎる○○」「鳥肌が立つ」

人の考えた表現を考えなしに使う愚かな日本語

「美人すぎる○○」という言い方がある。「美人すぎる警察官」「美人すぎる弁護士」「美人すぎる市議」などで、たしかに言葉としては面白い。「美人○○」ではなく「美人すぎる○○」と言うところに、ちょっとしたユーモアを感じる。

最初に考えついた人はセンスがいいと思うが、いまはあまりに使われすぎている。誰もが「美人すぎる」を使うようになると、定型的でつまらない。人がつくりだした言葉に便乗していることに愚かさを感じる。

そもそも「美人すぎる」は、失礼な言葉でもある。「美人すぎる」が使われるのは、総じて容姿よりも能力や経験を重視され、男性が多い職業だ。

「美人」と言っているのだから、ほめ言葉のつもりかもしれないが、むしろ相手をバカにした言葉だ。本人は仕事で評価されたいかもしれないのに、容姿のみをほめている。しかも「美人すぎる」は「その職業に美人はほとんどいない」と言っているのと同じで、その職についているほかの女性をバカにしていることにもなる。

加えて「美人すぎる」には、性を感じさせる響きがある。いわばチアガールや女性アスリートの下半身を盗撮して喜ぶようないやらしさだ。実際、「美人すぎる○○」という言葉を使うのは、ほとんどが男性だ。

プロとしてプライドを持っている人には、容姿をほめられるのを嫌う人もいる。これについては私も失敗談があり、知人で非常に美しい女性ピアニストのコンサートを企画したときだ。「日本で最も美しいピアニスト」とチラシに書こうとしたら、やめてくれと止められた。

本心からのほめ言葉だったが、彼女にはうれしくなかったのだ。容姿について言われることを迷惑に思う人もいる。そのことへの配慮がなかったと反省している。

ほめ言葉として最初は面白い表現だったが、定型化してつまらなくなった言葉には「鳥肌が立つ」もある。たとえばテレビで若いタレントが、映画で感動したと表現するのに「鳥肌が立った」と言う。

たしかに寒いときや感動したとき、実際に鳥肌が立つことはある。私自身、ベートーヴェンの第九をフルトヴェングラーの指揮で聴くと、感動して鳥肌が立つ。とはいえ、それは一時間一〇分の演奏中、多くて三〇秒ぐらいだ。

もちろん鳥肌が立つ頻度や時間は個人差はあるだろうが、誰もが「感動して鳥肌が立った」と言っているのを聞くと、「本当に鳥肌が立ったのか?」と疑問に思う。

感動したことを伝える表現として、「鳥肌が立つ」は最初はうまい表現だっただろう。だが、ここまでみんなが使いだす中で「鳥肌が立つ」を使うのは、頭を使っていると は言い難い。かりに本当に鳥肌が立ったとしても、感動を表現したいなら「鳥肌が立つ」ではなく、ほかの表現を使ってこそ、感動した思いを本当に伝えることができる。

最初はセンスのある言葉でも、定型文化してなお使うのはセンスがないと思われる。

「神○○」「激○○」

描写がなくワンパターンにしか映らない日本語

「素晴らしい!」と称賛する意味で「神」を使う人は少なくない。とくにネットの世界で多く見られ、素晴らしい接客には「神対応」、ドラマの素晴らしい回には「神回」といった具合で、二〇二二年のプロ野球ではヤクルトの村上宗隆選手が、その活躍ぶりから「村神様」と呼ばれ、この年の流行語大賞にも選ばれた。

素晴らしい様や人を「神」と称するのは、使いだされたときは「うまいことを言う」と感心したものだ。だが、ここまで誰もが言うようになると、ただのワンパターン化した言葉の一つに過ぎない。

とくにネット記事の見出しで「神」は一文字ですむうえ、「どんなに素晴らしいんだろう」と興味を持って読んでもらいやすい。使いたくなる気持ちはわかるが、もはや知性やセンスを感じさせる言葉ではなくなっていることは確かだ。

それが現実でのセリフとなれば、なおさらだ。「昨日の店員、神対応だった」「昨日のドラマ、神回だったよね」では、それがどれだけ素晴らしいのか伝わらない。「お客をよく見ていて、思いやりのこもった対応だった」「主人公の行動の謎がいっきに解決し、ボロボロ泣いてしまった回」などと言えば、少なくともワンパターンの表現にはならない。

同じことは「激」にも言える。タレントの誰かがテレビで少し過激な発言をすると「○○激怒」、グルメ特集なら「激うまグルメ」などとなる。だが「激怒」といっても、たいてい本気で怒っていない。それを過剰に言い立てているだけだ。「激うま」もたんなるご当地グルメだったりする。

「激」も最初に使われた頃は目をひく言葉で、いまも見ればつい詳しく知りたくなる言葉だが、ワンパターンな言葉であることは確かだ。使いすぎるとマンネリ化し、自分の言葉で表現する能力が磨かれなくなる。

「神○○」「激○○」は人目をひきやすいが、語彙を貧しくするもと。

「いまの若者は」「○○人は」

多様性を無視した差別につながりやすい日本語

中高年がよく口にする、周囲をげんなりさせる言葉に「いまの若者は」がある。「いまの若者はひよわだから」「いまの若者は礼儀を知らないから」といった類だ。「いまの若者は」式の言葉はワンパターンであるうえ、先入観による決めつけ言葉だ。

実際には、「いまの若者」をひとくくりにはできない。若者といっても、それぞれに個性がある。ひよわな若者もいれば、頑丈な若者だっている。礼儀正しい若者もいれば、礼儀知らずもいる。その個別性を無視した言い方が、「いまの若者は」なのだ。個別性を無視した先入観による決めつけは、愚かしいうえに、差別にもつながりやすい。

「いまの若者は」式の言い方は、ほかにもいろいろある。「いまどきの女は」「アメリカ人は」「中国人は」「韓国人は」などさまざまだ。「イタリア人って、いい加減だから」「アメリカ人はマクドナルドばかり食べて味音痴だから」「韓国人はあけすけにものを言うから」などといった決めつけは、面白くはある。たしかに国民性のようなものはあって、その国民の少なからずが持っている性質のようなものはあるだろう。同じ国民であっても、そんな性質を持っていない人もいるのだが、「イタリア人は」式の言葉はつい周囲も受け入れてしまいやすい。それがいつしか決めつけとなり、やがて先入観による差別につながりやすいのだ。

これについては、私も少し前に反省することがあった。私の大学には中国人留学生がいるが、なかにはいわゆる中国人的な特性を持っている学生もいる。教師に対しても遠慮なくずけずけとものをいう。私が韓国人の先生と、その学生について話していたときだ。つい「あの子は中国人だから」式の言い方をしたところ、韓国人の先生にこう言われた。「たしかにそのとおりですが、いま私が思ったのは、私が何かをしたとき、きっと『韓国人は』と言われるだろうな、ということです。気をつけねばなりませんね」。

私の発言は、私自身、その先生を「韓国人だから」という目で見かねない人間だと言っているようなものだ。その人を個人として見ず、「中国人」「韓国人」という固定化された見方をしており、それが人を傷つける結果にもなってしまうのだ。

私の知人に、「○○人は」式の言葉をよく使う女性がいる。雑誌やテレビで韓国のきれいな女優を見たときなど、しばしば「この人、きっと整形よ」と口にする。たしかに韓国美女には整形が多いといわれるが、だからといって、すべての美人女優が整形手術を受けているわけではない。だがその人は韓国人の美人を見ると、「整形に決まっている」と思い込んで、それを素直に口にするのだろう。

人は、「今の若者は」式の先入観を持ちやすい。だからといって、気軽に口にしていいものではない。言えば愚かに映るだけであり、先入観による決めつけには気をつけたい。

「いまの若者は」「〇〇人は」などと口にしそうになったら、先入観からの決めつけではないか疑ってみる。

「もっと声を出さなきゃダメだ！」

頭を使っていない根性主義の日本語

「もっと声を出さなきゃダメだ！」は、いわゆる体育会系の言葉だ。体育会系の根性論を好む日本人はしばしばそのような言葉を使う。

試合に出られないなら、せめてベンチから声を出して応援しろ。一緒に試合を盛り上げろということだろう。たしかにチームプレーで声をかけ合うことは大事とされるが、ベンチの人間が声を出す以上に、勝つために必要なことはあるだろう。

私の家の近くの高校でも、どうやら指導者が「声を出せ！」と指導しているようで、観客がいるわけでも、相手チームがいるわけでもないのに、ものすごい大声をあげて練習している。ふだんの練習で、みんながあそこまで声を出す必要があるのか。あれでは肝心のボールの音や選手同士の声が聞こえないように思えた。

さらに言えば、試合における応援団の声や鳴り物の音だ。あれほどの大音量では、肝心の監督や選手同士の声が聞こえなくなるだろう。

いずれのケースも、体育会系的な「気合を入れろ！」の意味で大声を出すことは重要と考えているのだろうが、むしろ「声さえ出せばいい」と思考停止しているように見える。

同じような言葉は、ビジネスの世界でも昔から使われてきた。「もっと泥まみれにならなきゃダメだ」もその一つだ。たしかに、仕事にはきれいごとではすまない面がある。だから、地べたに頭をくっつけ、土下座してでも、仕事を取って来いと言っているのだ。まだ青い部下を奮起させるために言っているかもしれないが、じつに野蛮な言葉で、根性主義に洗脳された言葉だといえるだろう。

たしかに、人間には根性も大切だ。ここ一番ではある程度無理をしなければならないが、無理は長くはつづかない。無理をつづけていると、仕事は非効率に陥る。根性主義は一瞬だけ成果を伸ばせても、あとがつづかず、結果を出せない。結果を出せないからといって、さらに根性主義に走れば、愚行としか言えない。根性主義をふりかざす人は、そのことに気づいていない。

さらに根性主義の人は、根性以外での物事の打開方法を知らない。状況を変えていくには、さまざまな手法があるのに、根性主義の人は根性に頼りきりだ。だから、状況を変えていくことができない。

また、「もっと泥まみれにならなきゃダメだ」は、古い価値観に染まってしまった言葉でもある。古い価値観の一つが、「男は、格好ばかり気にしているようではダメだ」というものだ。いまの若者は身だしなみに気を遣い、こざっぱりしている。上司はその姿を外面ばかり気にしているやつと見なして、もっと泥まみれになれと言っているのだ。

けれども、いまどきは外見も大切だ。人は、きちんとした身だしなみの人物を信用しようとする。いまのビジネスでは、外見に注意を払うのも大切なのに、「もっと泥まみれにならなきゃダメだ」と言う上司は、現実を無視している。古い価値観にとらわれ、頭がカタくなってしまっている。

同じような言葉に、「一日百件まわってこい」というものもある。たしかに右肩上がりの時代には〝数撃ちゃ当たる〟という部分があった。その成功体験に縛られ、いまでも通用すると思っている。これまた、古い価値観と根性主義に毒されてしまった言葉だ。

いまのビジネスは、情報戦にほかならない。頭を使って、いかに情報戦で優位に立つかだ。そこには、根性も古い価値観もいらない。「もっと泥まみれにならなきゃダメ」と言いたくても、ここは我慢する。部下相手には「もっと頭を使え」だ。もちろん、上司ももっと頭を使い、知的なイメージを漂わせたい。

「もっと声を出さなきゃダメだ」ではなく、「もっと頭を使え」。

「じつは、この話には裏があって」

自分だけは真実を知っていると愚かな優越感に浸っている日本語

政治や経済の話をしているとき、さも自分は裏事情を知っているように言う人がいる。たとえば選挙で、ある人物が当選したときだ。「あれはデキレースで、彼が勝つことは最初から決まっていた。次回は自民党から若手が出て、彼が当選することも決まっている」などと言う。

実際、それが正しいケースもあるだろうが、なかには突拍子もない陰謀論を語る人もいる。ある事件が起きたとき、「裏には宗教団体が関係している」「オウム真理教の残党が裏で手をまわしている」などと言うような人だ。さらに突拍子もない人だと「宇宙人」を持ちだしてきたりする。「宇宙人がアメリカの大統領を支配している」といった具合で、冗談かと思って聞いていると本人は本気で信じている。

おそらくネットなどで情報を得て、「これこそが真実だ」と思ってしまったのだろう。さらに調べれば、それを否定する事実は山ほどあるのに、それらにはいっさい目をくれず、都合のよい情報だけで話を組み立ててしまうのだ。

そこには「自分は人と違う」「自分だけは騙《だま》されない」という優越感を持ちたい気持ちがあるのだろう。たとえば自慢できる会社に勤めていない、収入が低いなどコンプレックスを持っている人が、たまたま初めて聞く情報に触れ、「自分だけが知っている」という優越感にかられて吹聴して回る。そうすることで「こんなことも知らない愚かな人たち」という意識を持ちたいのだ。

「周囲に認められたい」という承認欲求の表れで、承認欲求は誰もが持っているものだが、満たす方法に問題がある。誰も知らないと思える情報に出会ったときは、まずはそれを否定する情報もないか探してみることだ。

ネットで出会う陰謀論のようなものが、じつは科学的根拠がなく、ごく少数の過激なことを言って喜んでいる人たちの言論だとわかるはずだ。


誰も知らないような情報を知ったときは、鵜呑みにせず否定する情報も探す。

「日本人なら」

物事を一律化した、あまりに陳腐な日本語

歳《とし》をとってくると、やたらと「日本」「日本人」を意識する人がいる。もちろん日本を愛することはいいのだが、つい「日本人なら……」式の言葉を言いはじめると問題だ。「日本人なら、やっぱり演歌だよね」に始まって、「日本人なら俳句のよさをわからなくちゃ」「日本人なら『源氏物語』は読んでおかなきゃ」などと言いだす。本人は共感を得たくてしゃべっているのだろうが、周囲は共感しない。むしろ辟易する。「日本人なら……」は、あまりに陳腐な表現だからだ。何十年も前から使い古された表現であり、幼稚な言葉とさえ言える。

加えて、「日本人なら……」と一律化するのは、押しつけがましい。日本人だって、いろいろなタイプがいる。日本人の精神のルーツが同じであるはずがないのに、さも同じであるかのようにしゃべっている。そこに厚かましさを感じるのだ。

同じような押しつけがましさを感じるのが、「この歌をみんなで一緒に歌いましょ

う」という呼びかけだ。

以前、小劇場にオペラを見に行ったときも、こんなことがあった。主催者が東日本大震災の話をしはじめ、最後に「『花は咲く』をみんなで歌いましょう」と言ってオペラ歌手たちが歌いだした。すると驚くことに、私の周りにいる観客たちも同調し、一緒に歌いだしたのだ。

『花は咲く』は、東日本大震災の復興支援を目的につくられたチャリティソングだという。この種の歌にうとい私は、それまでこれを聴いたことがなかった。そういう人がいることなどおかまいなしに、「みんなで歌いましょう」と言いだす。

歌えない人、歌いたくない人がいることを想像できない。「日本人なら歌えて当然」という空気に違和感を覚える。

「日本人なら」式で疑問を感じるのが「心のふるさと」という言葉だ。たしかに「ふるさと」を愛するのはいいことなのだが、「心のふるさと」「ふるさと」という言葉を振り回すのには、個人的に嫌悪感を覚える。それは、『故郷《ふるさと》』という唱歌からくるものなのかもしれない。

『故郷』のメロディと歌詞はジメジメベタベタしている印象が強い。その湿った感覚がいいという人もいるだろう。『故郷』も、東日本大震災後の一時期、コンサートの終わりにみんなで合唱する機会が増えた。そこから「ふるさと」「心のふるさと」という日本語も万人に迎え入れられると思っている人もいるだろうが、私のように『故郷』という曲、言葉を嫌な者だっている。「心のふるさと」「ふるさと」には、そのような、ある種の押しつけが付きまとう。

演歌なり俳句なりが好きで、誰かに語りたいのなら、それを日本人の共通の好みとして語らないことだ。「私は演歌が好きで、昔は……」としゃべるなら、聞いてもらいやすい。

「日本人なら、やっぱり演歌」ではなく、「私は演歌が好きだ」と言えばいい。

「これだから、日本人はダメなんだ」

外国を権威だと思っている優越感丸出しの日本語

日本で大きな事故が起きたり、日本の会社が不祥事をしでかしたときだ。「これだから、日本人はダメなんだ」と言う人がいる。あるいは、海外旅行から帰ってきた人が、日本人の旅行マナーの悪さを挙げ、「これだから、日本人はダメなんだ」と言うこともある。本人は知的に響く言葉と思って使っているのかもしれないが、まったく知的ではない。おかしな優越感丸出しの日本語だ。

「これだから、日本人はダメなんだ」と言う人は、日本に住み、日本人であることの恩恵に浴しながら、半ば日本の外側にいるという意識を持っている。日本には住んでいるのだけれども、意識は日本を超越したところにあると、自分では思っている。

そんな人々は、欧米こそが権威だと思っている。欧米文化に親しんでいて、欧米文化が日本文化より上にあると思っている。そして、半ば欧米人になったつもりで、「これだから」と日本人をこきおろし、優越感に浸っているのだ。

けれども、欧米文化が日本文化よりすぐれているというのは、一面的な見方にすぎない。そんな一面的見方から欧米を権威とするのは、知的とは言えないし、また権威にすがりながら人を批判するのも、知的とは言えない。むしろ卑劣と言っていい。さらに人をこきおろすことで、優越感に浸ろうとする考えそのものが、卑しい。

じつのところ、私の周囲でも「これだから、日本人はダメだよ」「これだから、日本人は嫌だね」などと言う人は多い。かつて私はフランス文学を学んだので、私自身もフランス文学とその文化にかぶれていた。フランス文学にかぶれるほどに、日本人は薄っぺらに見えて、つい「これだから、日本人はダメなんだ」と言ってしまったものだ。だが、たとえ内輪での談笑であれ、この言葉は他者を貶めて優越感に浸るものであり、知的な談笑にはならない。

また、「これだから、日本人は」と、日本人をひとくくりにする手法も知的とは言えない。日本人だって、いろいろいる。いま、私はかつてのヨーロッパかぶれの自分を反省して、心からそう思っている。

「これだから、日本人はダメなんだ」は、たとえ内輪での談笑でも言わない。

「戦国武将たちは」

別の時代をひとくくりにした滑稽な日本語

かつて中年男性の会話でときどき登場した言葉に、「幕末の志士たちは」式のものがあった。「幕末の志士たちが前人未到の改革をやったように、いまの日本にも改革が必要だ」「幕末の志士のような若者はいないのか」といった調子だ。

最近は『信長の野望』式のゲームに親しんだ世代が増えてきたせいか、「戦国武将たちは……」と語る人が増えている。「信長のような改革者が、いまの日本にはいない」「いまの日本には、野武士のような人材が必要なんだ」となる。

もちろん、居酒屋談議でこのような話題で盛り上がるのなら、まったく問題ない。だが、結構、大真面目で部下に説教したり、社内報に書いたりしている人も少なくない。本人らは時代を悲憤慷慨《ひふんこうがい》し、正論を述べているつもりかもしれないが、聞いているほうは、みっともない言葉に思える。ある種のロマンチシズムに酔っていて、自分が戦国の荒波を生きた武将か何かになったかのようだ。

そもそも、現代は幕末や戦国時代をひとくくりにすることが、おかしい。現代の価値観と、幕末の価値観は違うし、戦国期のそれとも異なる。もちろん、政治状況、経済状況も根本的に異なる。それなのに、幕末や戦国期を一つの基準として現代を語ると、ちぐはぐなことになる。「戦国武将たちは」と語る当人たちは、そのことを無視している。

また、歴史学と歴史小説は違う。多くの人々の語る「戦国武将たちは」は、ほとんどが歴史小説の人物であり、それはファンタジーでしかない。ファンタジーから、現代を批判すると、滑稽にしか映らない。

もちろん、当時の政治経済状況が現在と異なることを踏まえたうえで、知的にアプローチして語るなら、話はべつだ。私のごく親しい人間に、太平洋戦争前後の日本の研究をしている学者がいる。安倍内閣や岸田内閣について語る際、当時の関東軍や近衛内閣の例を持ちだして批判したりしている。その時代にさほど関心のない私にはうっとうしくもあるが、そのような会話であれば、知的といえるだろう。

幕末の話にしても、当時志士の一人ひとりを普遍化はできないにしても、尊皇攘夷《そんのうじょうい》派、公武合体派などの争いは、普遍化できる。そこから話を進めれば知的な会話になり、現代に当てはめることも多少は可能だろう。あるいは、ある作家が描いた戦国武将像をどう評価するか、その作家の歴史観はどのようなものであるかについて語るのも、多くの人の知的好奇心をくすぐるだろう。

だが、そのようなことを語るには、歴史小説を数冊読んで、それを鵜呑みにするだけでできる作業ではない。軽々しく「戦国武将たちは」と言って、あとで笑いものにされないようにしたい。

「戦国武将たちは」式の話をする余裕があれば、もっと歴史書を読んだほうがいい。

「弱者の立場に立って考えたら」

正論すぎて反論を封じ込めてしまう日本語

議論の最中、「弱者の立場に立って考えてみてください」と言う人がいる。「弱者の立場に立って考えましょう」「弱者の立場に立って見直さなければ」といった類だ。これが文句のつけようのない正論だということは言うまでもない。

たしかに、言われたほうは「そうだよね。私はちょっと傲慢だったかな」「私の意見には、その視点が落ちていたかもしれない」などといった言葉を返すだろう。そして、実際、弱者の立場をとっていなかった自分を反省するだろう。だが、そのようなことを言われると、周囲の人間は、あまり愉快な気分にならない。

「弱者の立場に立って考えたら」式の日本語は、相手の反論を拒否している。こう言われると、誰も反論できない。多くの人は、弱者をほったらかしにしていいわけがないと思っている。言うまでもないことだが、弱者の立場でものを考えてみることは絶対に大事なことだ。強者中心の社会を改めることは大事なことだ。自分を知的と思っている人ほど、そう思っている。そのため、誰かが「弱者のため」をふりかざすと、面と向かって反論ができない。交渉ごとであれ、「弱者のため」を理由にされると、つい譲歩してしまう。「弱者の立場」と言った側は、つねに主導権をとって、反論を封じ込めることができる。

「弱者の立場に立って、考えてみたら」と言われると、そこから先は、議論にならない。皆が頭を使い、よりいいアイデアを出そうという努力もしなくなる。この言葉は、人の頭を悪くする日本語でさえあると言える。

「弱者の立場」と同じような日本語は、ほかにもある。「人間の命」「差別をなくそう」「国際交流」などが、そうだ。「国際交流を視野に入れて考えたら」と言われると、これまた反論ができない。たしかに国際交流は大事だが、現実にはそんな簡単な話ではない。国際交流どころか戦争の選択さえあるのだが、それは反論として言いにくい。あまりの正論、あまりのきれいごとを議論の場では切り札として使わないように気をつける必要がある。

正論を議論の切り札にしない。

「地球環境のために」

パターン化した主張を生みやすい安易な日本語

「弱者の立場に立って考えたら」に近い言葉の一つに、「地球環境のために」がある。「地球環境のために、エコバッグを使っています」「地球環境のために、ゴミの分別は徹底させなくちゃ」「電気自動車は、地球環境にいいんだよね」などと言って、それを自分の生き方の指針にしている人もいるだろう。

もちろん、そのようなライフスタイルを貫くのは立派なことだ。そして、そのような人が自分の考え方を啓蒙しようとする気持ちもよくわかる。しかし、それがいきすぎると、嫌悪感を持たれる恐れがある。

「地球環境のために」を、他人に向けて使うと、今度は押しつけがましさが強くなる。「君のやっていることは、地球環境のためになっていない」「少しは地球環境のことを考えたことがあるのか」などと言えば、相手は反論しにくい。「地球環境」は反論しにくい言葉であり、言われたほうは黙るしかない。正義を押しつけられたように感じ、不快感が残るだけだ。

また、「地球環境のために」は、ひとりよがりなイメージのする言葉でもある。「地球環境のために」を本気で言うなら、よほど詳しいデータが必要となるが、この言葉をよく使う人はそんな作業をしていない。雑誌かテレビの受け売りで、わずかなデータをもとにしゃべっている場合が多いようだ。

地球環境について、少し学んでいくと、安易に「地球環境」の話はできなくなる。ひところダイオキシンの恐怖が叫ばれ、ダイオキシンを発生させるからと焚き火も禁じられたほどだった。そのダイオキシンの害毒は実際以上に過剰に評価されていることがわかり、近年、地方自治体によっては焚き火には何も言わなくなった。分別ゴミにしろ、近年いかに意味をなさないかが指摘されるようになり、自治体によってはこれまたゴミの分別をおおざっぱなものにしてしまった。

「地球にやさしい」と言われたハイブリッド車や電気自動車の電気も、貴重な資源を使用したり、原発の発電をアテにしたりした面がないとはいえない。原発なら地球温暖化ガスを発生させないから、これらはクリーンエネルギー車だといわれてきた。

それが福島の原発事故以後、原発破壊による放射能汚染がいわれるようになると、原発による電気はクリーンエネルギーと見なされなくなった。火力発電による電気を得ても、それは地球温暖化ガスの発生につながり、ハイブリッド車や電気自動車は本当に地球環境のためになっているか、むずかしいところだ。そもそも地球温暖化ガス自体が、地球温暖化につながっているか、そこもいま問われはじめている。

そこまで見ていくと、「地球環境のために」は、一つ間違えると、自己満足したい人のひとりよがりな言葉になってしまう危うさを持っている。この言葉はあまり安易に用いるべきではない。

「地球環境のために」は、よほど検証しないかぎり、使わない。

「こういうタイプ、好みでしょ」

人の好みを一律化した日本語

テレビを見ながら雑談をしているときなど、タレントを指さして、「こういうタイプ、好きなんでしょ」と言ってくる人がいる。本人は場を盛り上げるために言っているつもりだろうが、言われて困惑する人も少なくない。「こういうタイプ、好きなんでしょ」という言葉が、あまりに物事をひとくくりにしようとする質問だからだ。

私自身、学生相手の飲み会でよく学生から「先生、こういうタイプ好きなんですか?」と聞かれる。私は当惑するしかなく、バカな質問をする学生だと思ってしまう。

人をタイプ別に分けること自体が、大変乱暴なのだ。人の個性はいろいろあり、簡単にタイプに分けられるものではない。好みについても、人それぞれだ。同じ人をいいなと思っても、魅力的と思った箇所は、人それぞれに違うのだ。男女の好みを言う場合、顔であることが多いが、顔以外で判断する人もいる。「こういうタイプ、好きなんでしょ」は、そうした人の個性や見方を無視した言葉であり、物事を一律化しようとする言葉なのだ。

また、ある人物が好みだとして、それを普遍化したタイプにするのも、乱暴だ。たとえば、私が「マリリン・モンローが好きだ」を言うと、「じゃあ、グラマー・タイプが好みなんですね」と言ってくる人がいる。私はモンローが好きでも、グラマー好きではない。モンローという一人の女優の個性が好きなだけだ。それなのに、「グラマー好き」と言われるのは心外だ。

また、私はオードリー・ヘプバーンも好きだが、だからといって、「スリム好き」なわけではない。ヘプバーンにしろ、役者としての個性が好きなだけで、そこから「スリム好きでしょ」「知的なタイプが好みなんですね」などと言われたくない。そんな言葉は、相手の考え方、価値観を知ろうともしない愚かな言葉だ。

尋ねるのなら、「こういうタイプ、好みでしょ」ではなく、「この人のどこが好みなの？」だ。これは、人の個性や好みを認めた言い方であり、受け入れられやすい。


「こういうタイプ、好みでしょ」ではなく、「この人のどこが好みなの？」と聞く。

「まじっすか」

語彙貧困で幼稚な日本語

学生、とくに男子学生がよく使う言葉に、「まじっすか」がある。「えっ、本当ですか」「えっ、そんなことを」といった意味だ。多くは悪気があって言っているわけではないのだが、バカっぽい印象を与える言葉だ。

仲間内で話すときは、「まじっすか」ではなく、「まじ？」になる。一種の驚きの表現であり、これが目上の人相手になると、「まじっすか」となるのだ。「すか」は「ですか」の略であり、これは敬意を込めての言葉かもしれない。だが「まじっすか」は、オフィスや大学では通用しない。まずは、意味が通じないことが多い。仲間内では通じていても、大人の世界には通じない。

加えて、「まじっすか」という言葉自体が、あまりに軽い。こんな言葉を使っていると、愚かしい印象しか持たれないのに、それを口にする人々にはそれがわかっていない。

また、「まじっすか」には、拒否の気持ちが込められていることもある。「できません」とは言えず、子どもっぽい言葉で代用させていて、これまた幼稚でしかない。

もっとも、謙虚な意味で使う人もいる。「私ごときに、こんな仕事をさせてもらっていいんですか」「俺なんかを抜擢していいんですか」といった喜びの表現としての「まじっすか」だ。たとえ喜びの表現だったとしても、やはり幼稚な印象は拭えない。

疑問を感じたり、驚いたとき、「まじっすか」は使わないようにしたい。「ここが、疑問です」「驚きました」と言えば、すむ話なのだ。

「まじっすか」ではなく、「ここが疑問です」「驚きました」。

「かわいい」「スゲー」

ワンパターンで退屈な日本語

「かわいいー」は、若い女性が連発している言葉の一つだ。私の家でも、大学を卒業したばかりの娘が連発している。ものをほめるときも「かわいいー」、テレビを見ていても「かわいいー」だ。服や文房具、電化製品、家庭用品などを買う基準も、「かわいいから」となる。

若い女性相手の商売も、「かわいい」の連発だ。ある女性は、洋服を買いに行った際、クールな感じの服を選んだつもりなのに、女性店員から「かわいいですね、よく似合いますよ」とほめられて、どう対応したものか困ったそうだ。

「かわいいー」を連発する本人たちは、「かわいいー」と言うことで、楽しんでいるのかもしれない。「かわいいー」は、仲間内で楽しく固まるには重宝な言葉とも思う。「かわいいー」とほめてさえおけば、無難にやり過ごせると思っている人もいるようだ。「かわいい」という日本語は、世界で使われはじめているともいうが、だからといって「かわいい」の連発が好感をもたれるとはならない。「かわいい」を連発する女性は、周囲からは頭の悪い女性に映っている。

「かわいいー」の連発は、あまりに幼稚なうえ、ワンパターンだからだ。ほめ言葉には、「かわいい」以外にもいろいろある。「美しい」「粋だ」「素敵ですね」「エレガントだ」「上品だ」「シックだ」「ときめくものがある」「ここちよい」など、さまざまな語彙があるのに、使おうとしない。語彙の豊富な大人からすれば、「かわいい」の連発はおそろしくワンパターンで退屈に見えるのだ。

ほめ言葉に「かわいい」としか言えなくなってくると、他人を怒らせることにもなる。上司に「課長、かわいいー」、年上の女性に「かわいいですね」と言うのは、本人はほめたつもりかもしれないが、相手はそう受け止めない。上から目線の不遜な女性にさえ受け取られかねない。

もともと「かわいい」は、子ども相手に使う言葉だ。目下の者相手に使う言葉であって、目上の者に使っていい言葉ではない。「かわいい」を連発していると、そんなこともわからなくなり、相手を不快にさせてしまいかねない。とくに「課長、かわいい」は、上司をなめているとしか映らない。

若い女性のワンパターン言葉が「かわいい」なら、若い男性のワンパターン言葉が「スゲー」だ。テレビを見ていても、何かをほめるときも、すべて「スゲー」だ。これまた、語彙の豊富な大人からすれば、バカな男にしか映らない。まともな女性からも、相手にされなくなる。

「かわいい」を連発する女性、「スゲー」を連発する男性、ともに口にする前に「ほかにいい言葉はないかな」と考えてみてはどうだろう。ここは「エレガント」と言ったほうがいい、「パワフル」とほめたほうがいいと、気づいていくはずだ。語彙が少しずつ多くなれば、ほめ方にも工夫ができるようになり、語彙を駆使してほめたり、感想を言ったりすることが楽しくなる。そこまでいけば「頭のいい人」とも思ってもらえるだろう。

「かわいい」「スゲー」以外のほめ言葉を考えることで、知的な人に変身できる。

「なにげに」「ハンパない」
本来の意味と違う間違った省略の日本語

近年、大人から若者まで平気で使っていて、気になる日本語が「なにげに」だ。「彼女になにげにアプローチしたいんだけど」「なにげにものうげにしている姿が格好いいんだよね」などと平気で使っている。雑誌でも、学識のありそうな人が当然のごとく使っているのだが、間違った日本語だ。

正しくは、「なにげなしに」だ。「なしに」と打ち消しの言葉が入っているから、さりげなくという意味が生まれてくる。「なし」がなかったら、さりげなくという意味にはならない。むしろ、「何かありそうに」「わざとらしく」という意味で受け取られ、正しい日本語を使っている人の誤解を招く。「彼女になにげなしにアプローチしたいんだが」と言えば、正しい日本語になる。

「なにげなしに」が「なにげに」になったのは、省略されたからだ。おそらくは「なにげなし」という言葉がやや長いので、「なし」を省略してしまったのだろう。ところが、「なし」を省略してしまったがために、じつはまったく意味の異なる言葉になってしまった。そのことに気づかず「なにげに」と口にするのは、恥ずかしいことなのだ。

私が知的でないと感じる省略言葉は、ほかにもある。「ハンパ（半端）ない」「むずい」などがそうで、「半端ではない」「むずかしい」の省略だ。ただし、これらは完全に意味を変えているわけではないから、しかたないと思っている。「なにげに」は、もとの「なにげなしに」と一八〇度意味が変わっていて、使ってはいけない日本語なのだ。

「なにげに」ではなく「なにげなしに」、「ハンパない」ではなく「半端ではない」が正しい日本語。

5章

理性のない日本語

――感情的な言い回し、甘えた表現…

頭のよさ＝理性

論理的ではない感情的な言い回しや甘えた表現などは、感じが悪いだけでなく愚かに見えてしまう。本章では、そんな「理性のない日本語」を紹介しよう。

「むかつく」

人の感情を荒れさせる非人間的な日本語

「むかつく」は、現代人がよく使う言葉の一つだ。何か気に入らないことがあると、すぐ「むかつく」と言う。「あいつ、むかつくな」「むかつく上司」「あのときは、むかつきました」などと、不快なこと、嫌なことがあると、すべて「むかつく」で通してしまう。テレビを見ていても、「むかつく」を使う人は多い。「このタレント、むかつく」「あの言い方、むかつく」といった具合で、本人はそう言っている自覚さえなしに、「むかつく」という言葉が口から漏れているように見える。

言っている本人は、そう口にすることで、気持ちがいいかもしれない。肉体的で生々しい言葉だから、不快感を強調できる。自分の苛立つ気持ちを表すのにいい言葉と思って「むかつく」を連発しているようだが、誰もその気持ちをわかってくれないだろう。それどころか、「品のない、汚らしい人」というイメージがつきやすい。

「むかつく」が嫌がられるのは、あまりに強烈な言葉だからだ。強い拒否感、否定を表す生々しい言葉であり、相手の存在を否定しようとしている。相手の存在を否定することは、戦争、殺人につながる。その意味で「むかつく」は非人間的な言葉であり、本来は人間が人間に使っていい言葉ではないと考える。さらにいえば、人間は人間に対してむかつくべきではないと思う。人間がむかついていいのは、ほかの生物に対してくらいだろう。人間的に生きようとするなら、むかつくのを抑えるべきだろう。

「むかつく」を相手に直接言う人は少ないだろうが、陰でも言わないことだ。相手を不快に思っても、陰であれ「むかつく」と言っていると、その場はすさんでいくし、自分の感情も荒れていく。自分から、しだいに人間的な感情が消えていきかねない。テレビの前でも同じだ。「むかつく」は、不快な感情を垂れ流しにしているだけだ。自分を下品に変えていくだけで、人間的な成長がない。

「むかつく」と思ったときは、口にせず、なぜ「むかつく」のか考えてみるといい。その理由を考えていくと、相手のどこが間違っているか、はたまた自分に非があったことにも気づく。そこまでわかってくると、「むかつく」ことも、そうなくなるはずだ。

「むかつく」を口ぐせにしていると、その場も、自分の感情も荒れていく。

「オワコン」

評論家気取りが透けて見える日本語

ネット上でよく見るスラングの一つに「オワコン」がある。「終わったコンテンツ」の略で、一時は流行したが、もう飽きられてしまった作品や事柄などに使う。「あのマンガはもう人気がない」「あのアイドルグループは時代遅れになった」などと直接言えば失礼になる事柄を英語や略語でオシャレに言うことで、婉曲化しようとしているのだろう。

この言葉を使う人は、さも自分は流行に敏感で、時代の流れがわかっている口ぶりだが、実際には使った時点で愚かしさを感じさせる。

最も愚かしいのは、自分が神様の立場で、他人や他人の作品を批判しているところだ。「すべてをわかっている」という視点で物事を論評するほど、愚かしいことはない。言うまでもなく物事には、いろいろな評価や見方がある。それを「オワコン」と言って切り捨てるのは、自分の見方こそ正解と考えているからだ。

レストランのレビューでも、「この店の店主は才能がない」「店を開くべきでないレベル」などと酷評する人がいる。だがその店の料理がマズいのではなく、レビュアーに味わう舌がないことも考えられる。実際、ほかのレビュアーは高評価していたり、グルメ本などに掲載された店でも酷評する人はいる。

そもそも人間は、食べ慣れないものをマズいと感じる傾向があるらしい。私の父を京都の老舗《しにせ》料亭に連れていったときも、田舎の味に慣れている父は「味がしない」と醤油をかけて食べていた。きちんとダシをとってつくった料理を父はおいしいと感じなかったのだ。

自分がマズく感じたからといって、それが正しい評価とは限らない。そうは考えず、その店を酷評するのは愚かしい。少なくとも、どうダメなのか具体的に示す必要がある。「オワコン」にしても、周囲の評価などから雰囲気で言っている人も多い。やはり人や人の作品を「終わった」と言うのであれば、理由を示す必要がある。

「オワコン」は神様の視点で評価する愚かしい言葉。

「上の者を出せ！」

じつは読解力のない人が使う日本語

気に入らないことがあると、すぐに文句を言う人がいる。いわゆるクレーマーだ。彼らの使う言葉は、どれも似通っている。店員の言動が気に入らないときなら「上の者を出せ！」「女じゃ話にならん。男を出せ！」「土下座《どげざ》しろ！」が定番だ。

煽《あお》り運転をする人も一種のクレーマーで、彼らがよく使うのは「警察を呼べ！」だ。煽り運転から事故に至るケースも多いが、テレビなどで公開されたドライブレコーダーの映像を見ると、明らかに煽り運転をしたほうが悪い。それでも彼らは「警察を呼べ！」と言うのだ。

私は以前、こうしたクレーマーは、何かを得たいために文句をつけている人だと思っていた。だが、私自身、一種のクレーマー気質の人に出会って以降、彼らは読解力のない人たちなのではないかと思うようになっている。

とある文章講座の講師をしていたときだ。六〇〇字程度の課題文を読み、それについて論じる文章を書かせたところ、ある受講生の解答は明らかに課題文の内容を理解していなかった。それを指摘すると、彼は「そんなことはない」と反論し、「辞書にはこういう意味があると書いてあるから、自分の解釈は間違っていない」などと的外れなことを言うのだ。

ほかの受講生はみな課題文の内容を理解し、それに沿った文章を書いている。彼だけが「著者がこの文章でいちばん言いたいこと」を理解できない。その後もいくつか課題文を読ませる授業を行ったが、いずれも同じで、やはり読み解くことができなかった。

もともと彼にはクレーマーのようなところがあり、講座のあり方や私の指導方針などについて、あれこれ質問したり、詳しい説明を求めたりした。誰もが納得しているのに、彼だけが納得しない。最初は私に対する嫌がらせかと思ったが、課題文の一件で私の言う内容が理解できない、つまり、読解力のなさからくるクレーマーめいた言動ではないかと思うようになった。

思い返せば、ネット書店のレビュアーにも、似たような人がいた。ある受験本を出したときのことだ。その本のまえがきには「これだけの知識があれば、ぎりぎり合格できる」といった趣旨のことを書いた。ところが、あるレビュアーは「この本を読んで合格できるかもしれないけれど、それだけのつまらない本」といったことを書いていたのだ。

本の趣旨がそうだと書いているのに、「それだけのつまらない本」と批評する。著者の主張を理解できず、自分本意に解釈して文句をつけているのだ。

世間で騒がれているクレーマーの多くも、そう考えれば納得できる。店員に文句を言う人も店員の発言の真意を理解できず、自分に不利益なことを言っていると誤解し、文句をつけている。煽り運転も悪いのは相手の運転手で、自分は正しい行為をしていると思っている。だから、平気で「上司を出せ！」「警察を呼べ！」と言えるのだ。

自分ではそのつもりがないのに、周囲からクレーマー視されている人は、周囲に悪意があるのではなく、自分の読解力を疑ったほうがいい。

的外れなクレームは、読解力のなさが原因。

「マスゴミ」

知性があるかに見えて、じつは知性のない日本語

週刊誌や月刊誌が、大新聞やテレビの報道を批判するときによく使われる日本語が「マスゴミ」だ。ネットの世界でも見かける言葉で、近年は一般書や雑誌の中でも見かけるようになった。いわゆる「ネトウヨ（ネット右翼の略）」が好んで使う表現だ。

彼らは「マスゴミの言うことは信用できない」「マスゴミは潰れたほうがいい」などと言ってマスコミを批判している。言っている本人は、マスコミに怒っているのだろう。加えて自分はマスコミに騙《だま》されない、知的な人間であると言いたいように思う。

この「マスゴミ」という言葉を最初に使った人は、私はバカではないと思う。「マスコミ」と「ゴミ」をかけあわせた言い方は、当初はセンスのある、うまい表現の一つと思われただろう。だが、ある程度普及してくると、もはや使い古されたオヤジギャグに近い。

そうなると、「マスゴミ」という言葉を使いつづける人は、周囲からは頭の悪い人

にしか見えない。「マスコミ」を「マスゴミ」と言い換えた時点で、その人の知的レベルが知れたものだとわかる。

「マスゴミ」という言葉を使いたがる人は、「マスコミがバカだと自分は知っているぞ」と言いたいのだろう。マスコミに騙されず、マスコミの嘘を見破ることができると暗に自慢したい。では、その人がマスコミ以上に世の中を理解しているかというと、そうではないだろう。その人のマスコミ批判の論拠も、じつはどこかで読んだ本の受け売りだったり、人から聞いた話程度だったりすることが大半だ。マスコミ批判の論拠を自分で検証している人は、ほとんどいないはずだ。受け売りで「マスコミ」批判をしているのだから、底が浅い。その底の浅さは会話をするうちに、すぐにバレる。

「マスゴミ」という言葉を使う人は、会話でマウントを取りたい気持ちもあるだろう。「自分には批判力もある、騙されない力もあるから、おまえたちは黙って聞け」と言いたい。だが、「マスゴミ」という言葉を使う時点で底の浅さは透けて見えるのだから、マウントをとるどころか、逆にバカにされて終わることになる。

「マスゴミ」は使い古されたオヤジギャグでしかない。

「五流大学出身」

相手の能力も理解せずに、相手にマウントを取ろうとする、愚かな日本語

ネットの書き込みにはバカに見える日本語が少なくない。その一つに、「五流大学出身」がある。「こんなことを言うヤツは五流大学出身だろう」「五流大学出身らしい愚かな感想だ」などと批判する。

出かけたコンサートについてネットを検索しているうちに、匿名掲示板サイト「5ちゃんねる(旧2ちゃんねる)」のクラシック音楽のスレッドにたどり着くことが時々ある。残念ながら、ここでも「五流大学」という言葉が使われている。「モーツァルトの真のよさがわからないなんて五流大学だろう」「五流大学出身のくせにマーラーを語るな」といった日本語が、人をけなすときに使われている。

クラシック音楽好きには、基本的には高学歴の人物が多い。その高学歴の人物が、ネット上で相手をけなすとき、「五流大学」という日本語を使っているのだ。

「五流大学」を使う人は、相手に対してマウントをとりたいからだ。さすがに面と向

かって「五流大学」とは言えないが、ネットでなら「五流大学」と平気で書ける。相手に低学歴のレッテルを貼ることで、マウントをとった気になっているのだ。

だが、「五流大学」という言葉は、バカに見える日本語でしかない。そもそも相手の実態を何も知らず、勝手に「五流大学」と決めつけているところが愚かだ。

ネットで「五流大学」という言葉が使われるのは、ネットでは知的論議がしにくいうえ、相手の社会的地位や肩書がわからないからだ。本来、知的領域の会話は、内容で相手を説き伏せていくことが重要になる。だが、ネットでは知的領域での会話の応酬が成立しにくい。

それは専門家が言っている言葉と中学生レベルが言っている言葉の区別がつきにくいからでもある。ネットでは、お互いが一方的に意見を述べて終わりになりやすい。専門家が深い話をしようとしても、中学生レベルの人間が「勝ち目がない」と思えば簡単に逃げることができる。

しかも、ネットでは社会的な地位が見えにくい。相手の社会的な地位を知るなら、そこに聞く耳も生まれるが、そうはならない。匿名掲示板なら、なおさらだ。そんなネットで自分が「勝った」と思いたいために、相手を「五流大学」呼ばわりするのだ。

だが、人を「五流大学」呼ばわりする人は、ネットを見ている人たちから、けっして賢いとは思われない。たいてい「どっちもどっち」ぐらいに見ている。

ネットの世界では、理屈だけで相手を納得させるのは難しい。相手を「五流大学」呼ばわりしても自分が優位に立つことはできず、尊敬されることもない。ネットの世界では、あえて自分の意見を押し通そうとせず、「いろいろな意見があっていい」というスタンスを持ったほうが、ずっと知的な態度と言える。

ネットの世界では知的会話での優劣がつきにくい。

「俺の上司はバカだから」

自分の無能をさらすだけの言い訳の日本語

「俺の上司はバカだから」「上司が無能なので」「上司がだらしなくて」などは、ビジネスマンなら一度は言ったことがあるセリフではなかろうか。同僚には言わなくても、家族や友人につい言ってしまう。

言っている本人は、鬱憤《うっぷん》晴らしで言うこともあろう。本当に上司を無能と思っていて、恨み節として言っている人もいる。

あるいは、うだつの上がらない自分を顧みて、上司のせいにしようとしているのかもしれない。「なぜ、結果が出ない」と言われたくないがため、一種の予防線として言っているのだ。

いずれにせよ、「俺の上司はバカだから」は、本人の意図したとおりには受け取ってもらえない。たとえ本当に上司が劣った人物であっても、この言葉は言い訳がましい印象を周囲に与えてしまう。

ビジネスでは、結果がすべての面がある。現場で一緒に作業している者同士なら、過程を重んじても、関係のない第三者は、結果でしか見ない。結果が出ていない人から「上司がバカだから」と言われても、他人には言い訳にしか聞こえないのだ。

また、ビジネスをよく知る者にとっても、「上司がバカだから」は言い訳に映る。上司がかりにバカであったとしても、仕事をするのは現場の人間だ。その人たちが、バカな上司を支えつつコントロールしていけば、結果を得られる。そんな努力もしないで、「上司がバカたから」と言っているのは、逃げにしか映らない。

「俺の上司はバカだから」「上司が無能なもので」はつい言ってしまいたくなるセリフだが、思いとどまりたい。我慢すれば、自分で自分を貶めずにすむのだ。

「俺の上司はバカだから」で、自分が評価されることはない。

「こんな仕事、やってられない」

自分を過大評価した恥ずかしい日本語

仕事絡みでサラリーマンが口にして周囲を辟易させる言葉は少なくないが、「こんな仕事、やってられないよ」もまた、その一つだ。もっとも私自身、よく言うセリフで、言わないように気をつけているが、それでもときに言うことがある。

お金にもならず、名誉にもならず、誰からも評価されるわけでもないのに、引き受けたからにはしなければならない仕事があるものだ。ただただつらいだけ。ときには、憎まれ役にならざるを得ないこともある。あるいは、失敗するとわかっているのに、行きがかり上、最後までやり遂げなければならないこともある。

そんな場合、ああ、こんな仕事、やってられないと、つい思ってしまう。ずっと前のことだが、そのような仕事の数日前から、妻の前で「こんな仕事、やってられない」と、ぼやきつづけたことがある。

妻に言うくらいならいいだろうと思っていたが、あまりに私がぼやくので、妻は私を「みっともない」と叱った。「あんたは、すぐに弱音を吐く」とも言われた。一回くらいならともかく、一〇回も二〇回もぼやく私を、さすがに妻はみっともないと思ったのだ。叱られてみれば、たしかにそのとおりで、「こんな仕事、やってられない」は、グチにしかなっていない。加えて、自分を過大評価しているとも受け取られる。若者の将来を決する場で仕事をするのをありがたいことと思うべきなのに、そのような仕事を軽く見ているということにほかならない。

いま目先でやっている仕事が、つまらなく、くだらない仕事に映ることもある。けれども、その仕事を着実にこなすことで、周囲から信頼を得られるのも確かだ。「地味な仕事でもよくやってくれる」と好印象まで持たれたら、そのうちもっといい仕事も回ってくる。

そう考えるなら、「こんな仕事、やってられないよ」は禁句なのだ。「やってられないよ」とむくれている人物に、まともな人はまともな仕事を回さなくなるからだ。

「こんな仕事、やってられないよ」と言うのでなく、仕事をこなすことが信頼につながると考える。

「前の職場では」

負け犬の遠吠え感の強い、グチに等しい日本語

転職して月日が経ち、新しい職場に十分なじんだはずなのに、ことあるごとに「前の職場では……」と言いたがる人がいる。「前の職場では、自分はこんな仕事をしていた」「前の職場では、もっと経費を使うことができた」などと言って、昔の職場を懐かしむ。そこには「新しい職場の人たちに刺激を与えたい」「いまの職場をよくしてやりたい」という気持ちがあるかもしれない。現に、前の職場で行われていたよいシステムを導入するのに役立ったり、逆に、前の職場での失敗例を示して判断材料を提供することもあるだろう。しかし、ときに、前の職場を理想のように語る人もいる。それを聞いた周囲の人たちが考えるのは、「だったら前の職場に戻ればいい」というものだ。

そもそも前の職場に不満があって、いまの職場に移ってきたはずだ。それを忘れて、いまの職場がさも不十分であるように、前の職場のよい点を話す。そこには「俺はこ

んなところにいる人間じゃない」「俺のような人間と仕事ができることに感謝しろ」という思いがある。それが透けて見えるから、周囲は辟易することになるのだ。

以前、ある人の退職の挨拶を聞いて驚いたことがある。外資系企業から転職してきた人で、二〇年ほどいまの職場で働いてきた。優秀な人で、最終的に現場のトップまで務めた。その人が退職の挨拶で、「私が以前勤めていた〇〇では……」と前の会社の話をしだしたのだ。

彼は二〇年もいまの職場で働き、いまの職場のために働いてきたと思っていた。だが彼の心は、つねに前の職場にあったのかと疑いたい気になった。「本来の俺は、こんなところにいる人間じゃない」と思いながら二〇年働いてきたと思われてもしかたがない。真意はどこにあるかわからないが、周囲を興ざめさせるできごとだった。

前の職場を話題にするとき、いまの職場を否定的に扱うと、周囲の人に失礼にあたることは忘れてはならない。

「前の職場では……」は、いまの職場で働く人たちに失礼と心得る。

「意地悪言わないでください」「やさしくしてください」

公式の場を勘違いした幼稚な日本語

近年、オフィスで失笑を買っている日本語に、「意地悪言わないでくださいよ」がある。入社して間もない社員が、中堅社員相手にときどきこの言葉を使うらしい。

ある会社に、新人が入ったときのことだ。新人が新型のコピー機を扱っていたところ、紙詰まりとなったらしい。その新人は中堅社員に紙詰まりを報告し、直し方を尋ねてきたが、中堅社員も新型コピー機には慣れていない。そこで、説明書を見て直すよう指示したのだが、その新人社員は「不慣れでわかりません」と言う。中堅社員が「私もわからないから」と突き放すと、新人社員は「意地悪言わないでくださいよ」と返事してきた。これには、中堅社員も呆然としてしまったという。

あるいは、新入社員が注意されたときだ。これまた、「意地悪言わないでくださいよ」と返す新入社員がいる。むずかしい課題を与えられたときも、この言葉が出てくる。ほかに「やさしくしてくださいよ」と言う新入社員もいる。

新人社員からすれば、本心を言っただけかもしれない。仲間内では通じた言葉かもしれないが、「意地悪しないでください」といった感情的な言葉は、ビジネスの場ではありえない。ビジネスの世界では、感情的な言葉は慎まねばならない。そのことをわかっていないから、顰蹙《ひんしゅく》を買うのだ。

さらに「意地悪しないでください」は、甘えた印象が強い。ビジネスの世界で、甘えもまたタブーであり、そのため、あつかましい印象が強くなる。

「意地悪しないでください」「やさしくしてください」は、ビジネスの世界にしばらくいれば、使わなくなる言葉だ。会社に何年もいてこんな言葉を使う人はいないと思うが、新人が会社で平気で使ってしまうのは、学生時代に当然のように使っているからだ。

ビジネスの世界ではタフな相手と交渉しなければならないことがある。こんなときも、「やさしくしてください」と言ってはなめられる。せいぜい言っていいのは、「お手やわらかに願います」だ。

「意地悪言わないでください」は、せめて「お手やわらかにお願いします」。

「教えてもらってないから、できません」

甘えからくる依存心の強い日本語

「教えてもらってないから、できません」も、新人がときどき言っては周囲を呆れさせる言葉だ。

少し前は、「わからないから教えてください」と恥ずかしげもなく言う新人が周囲を呆れさせていた。それがいまは「教えてください」さえ言わなくなっている。

教えてもらうことで「わかるようになろう」「できるようになろう」という前向きな姿勢がなく、「教えてもらってないから、できなくて当たり前」と開き直っているように見える。「自分ができないのは教えていないほうが悪い」と言わんばかりなのだ。自分で努力しようという気持ちをまったく感じさせない日本語だ。

あるいは「聞いていないから、わかりません」という言葉もある。私は多摩大学の教授の職にあったころ、ゼミを受け持っていたが、そこでは学生たちが企画運営してクラシック音楽のコンサートを開催していた。戸田弥生、野原みどり、岡田秀美、佐藤俊介、葉加瀬太郎といった世界的に活躍している名演奏家のコンサートも開いたことがある。

そのゼミで、一人一人に「コンサートを企画しなさい」という宿題を出したときのことだ。

一人の学生が、入場料一〇〇〇円で近所のピアノ教室の先生にモーツァルトの『きらきら星変奏曲』を弾いてもらうという企画を出した。あまりに現実味のない企画だったので、「近所のピアノの先生に一〇〇〇円払って聴きに行きたい人がいると思うのか？」「『きらきら星変奏曲』だと一〇分で終わってしまう。これでコンサートが成り立つと思うのか？」などと言って叱った。すると、「コンサートが一〇分で終わってはダメだとは聞いていません」「ピアノの先生だと一〇〇〇円取れないなんて聞いていません」と反発された。

たしかに、そのような基本的なことを教えはしなかった。だから、私の指導に不備があったとはいえるだろう。しかし、その学生は三年生で、すでに先輩が企画したコンサートの運営にも参加している。少し考えたり、ほかのコンサートを調べればわかるはずだ。私としてはそこまで説明する必要はないと考えていた。最近の若者のあまりの依存体質に驚くしかなかった。

自分で調べようとせず、できないと言ってしまう人は、依存心が強いとともに、苦手意識の強い人といえるかもしれない。少しでも知らないことがあると、すぐにこれを苦手な領域と思ってしまう。新たな事象に突き当たるたびに、それが苦手領域となり、世の中のほとんどが苦手領域に見えてしまう。苦手領域に接すると、思考放棄してしまうのだろう。

実際のところ、一見、苦手に思える領域でも、ちょっと踏み込んでみると、意外にそうでないことも少なくない。あるいは、苦手と思えた領域でも、得意領域とつなげていくと、得意領域に変わってくることもある。苦手意識の強い人は、こうした試みは初めから放棄してしまっている。これは、本人のためにもならない。

苦手領域の話にとどまらず、新たな事象に出会ったなら、まずは調べてみることだ。かつては一つの事柄を調べるのにかなり手間がかかることもあったが、現代は、ネット検索するだけで、簡単に調べがつく。スマホである程度調べがつき、わかってくる。それでもわからないとき、初めて人に聞けばいい。

最初に自分で調べて、わかろうとする努力は、無にならない。どこがわからないかを知ることができれば、人に尋ねるときも、質問しやすい。「ここがわからないから、教えてください」と言えば、教えるほうもどこを教えればいいのかがつかみやすく、的確に教えやすい。結果、きちんとわかるようになる。

「教えてもらってないから、できません」ではなく、
「ここがわからないから、教えてください」。

「君（あなた）にはわからないだろうけど」

相手とのコミュニケーションを断ち切ってしまう感情的な日本語

人が感情的になったとき、相手に言ってしまう日本語が「君にはわからないだろうけど」だ。そこに込められた気持ちは、さまざまだ。夫の理解を得られず、寂しい思いしている妻の場合なら、自分のつらい気持ちを訴えたくて、「あなたには、わからないだろうけど」と言っている。あるいは、自分よりも知識のない人を相手にやさしく教えてあげるつもりになって、「君たちにはわからないだろうけど」と言う人もいる。

ときには、「おまえのような無知なやつにはわかるはずはないけれど」というように悪意を含ませて語ることもあるが、むしろそれは例外で、言った本人には悪気はないことが多いだろう。ところが、相手との関係性をいい方向に維持したい気持ちから言っているのに、言われた相手はそうは取らない。感情を傷つけられ、ケンカを売られたような気になる。

「君（あなた）にはわからないだろうけど」という言い方は、相手の能力や心を決めつけてしまい、そこに限界を設けている点で、あまりに攻撃的であり、失礼なのだ。本人にはそのつもりがなくても、「君は、もう少し優れた人だったら、もう少しやさしい人だったらわかるはずのことをわかっていない」という意味が含まれるために、人を責めている。言われたほうは、「そんなことを言われても」と戸惑ってしまう。自覚してなかった落ち度を見つけられ、それを激しく攻撃されている気になる。言った相手に対する印象は悪くなり、関係性を維持しようとは思わなくなるのだ。

寂しさを訴えた妻の場合にしろ、夫はケンカ腰で来られたと思い、理解しようという言葉、やさしい言葉を言えなくなる。相手のレベルに合わせたつもりでも、相手は侮辱された気になる。挑発の場合だって、同じく侮辱された気になりやすい。

「君にはわからないだろうけど」は、つい言ってしまいがちな言葉だが、言っても、何のプラスにもならないのだ。

「君にはわからないだろうけど」は、理解を求めているようでいて、じつはケンカを売っている言葉と心得る。

「ぶっちゃけ」

語感の強さが悪印象を与えやすい日本語

もともと若者言葉だったが、その若者がやがて歳をとり、それなりの年齢になっても若者言葉を使いつづけることがある。本人はまだ若いつもりでいる、あるいは、くだけた雰囲気をつくるつもりだったとしても、使えば下品に聞こえる日本語は少なくない。

たとえば、「ぶっちゃけ」だ。「打ち明ける」から変化した言葉で、もともと「ぶっちゃけて言うと」などと使われていた。やがて「ぶっちゃけ」だけでも「本当のことを言うと」「率直に言うと」という意味を持つようになった。二〇〇〇年代にテレビドラマの主人公が多用していたことから、流行語になって広がっていったようだ。

「ぶっちゃけ」という言葉に私が問題を感じるのは、「ぶっ」という語感だ。「ぶっ飛ばす」「ぶっ放す」など、「ぶっ」には下品な印象がある。言葉として強すぎて、内輪ならともかく、公の場で使うにはふさわしくない。

知人の編集者は、少ない予算で本をつくるとき、関係者に「ぶっちゃけ、予算これだけしかないんです」などと伝えたりするらしい。

使うのを避けたい日本語には、悪口を婉曲に言おうとして、結局は悪意が透けて見えるケースが少なくない。前に挙げた「オワコン」もその一つだが、「ぶっちゃけ」は正直に伝えるための言葉という意味では評価できる。

とはいえ、「率直に言えば」「本当のところ」など、ほかにも日本語にはさまざまな言い方がある。あえて語感の悪い言葉を使う必要はない。語感は自分で思っている以上に、人に与える印象が強い。「頭が悪い人」と思われたくないなら、使わないほうがいい。

「ぶっちゃけ」という語感の悪い言葉でなく、「率直に言えば」を使えばいい。

「どうせ私はバカだから」

相手を拒絶し、ふてぶてしく居直った日本語

「どうせ私はバカだから」は、家庭でよく出てくる言葉だ。妻が夫相手に「どうせ私はバカだから」というケースが最も多いかもしれない。夫が妻相手に、「どうせ俺は家計もわからないバカだよ」と言うこともあるだろう。ときには、子どもが親相手に「どうせ俺はバカだから、そんなことを言われても、わからないよ」と言ってくる。

「どうせ私はバカだから」を使う本人は、相手の言い分に腹が立ってしかたない。相手の言い分を聞きたくないと思って、つい口にしてしまうのだが、賢明な態度とは言えない。

「どうせ私はバカだから」は、激しい拒絶感のある日本語だ。そこには、ふてぶてしい居直り感もある。言われた側は、感情を害するとともに、その取りつく島のなさに唖然とする。愚かだということを開き直られると、もうどうしようもない。

言った当人は、相手をうまく撃退したと思っているかもしれないが、相手に悪感

情が残るし、本人のためにもならない。「どうせ私はバカだから」と言ってしまうと、自分を必要以上に貶め、自分の愚かさを認めてしまったことになる。「賢くなる必要はない。いまのままでいい」という気分が強くなれば、向上しようという気がなくなる。これでは、愚かと見られたままだ。

議論で、自分がかなわないと思っても、「どうせ私はバカだから」と開き直らないことだ。それよりも、相手を知的にへこませる言葉を考えたほうがいい。一つには、「私はあなたのように、頭がよくないから」という皮肉で切り返す。もちろん相手を本当に「頭のいい人」と思ってはいないことは、相手にも伝わる。この言い方なら、相手も言い返すことができないし、自分を貶めることにもならない。

「どうせ私はバカですから」と開き直らず、「私はあなたのように、頭がよくないから」と切り返す。

「前は、こう言ったじゃないですか」

状況の変化を読みきれない、生意気な日本語

部下が上司につい言ってしまう言葉の一つが、「前は、こう言ったじゃないですか」だ。かつて上司が言っていたことと、いまの上司の発言が違っているとき、「それはないだろう」と思って言いたくなる。部下にすれば、上司のひと言ひと言をきちんと守ったつもりになっている。そこに以前の発言を覆すようなことを言われたら、たまったものではない。部下は上司を抗議の気持ちを込めて「前は、こう言ったじゃないですか」と言ってしまうのだが、これがときに反感を買うことになる。

上司にすれば、「前は、こう言ったじゃないですか」は揚げ足取りに映るのだ。上司の目指すところは以前と同じでも、環境の変化や仕事の中身によって、手法やアプローチを変えねばならないことがある。変化に対応して、個別に言っているつもりなのに、「前は、こう言ったじゃないですか」と反論されると、上司は「こいつは仕事の全体をわかっていない」と見なす。全体が見えないくせに、細かいことを言う愚か

で生意気なやつというイメージで見るようになるのだ。

また、上司だって、以前と考え方を変えることがある。そこを部下にいちいち指摘されるのは、不快きわまりない。人の変化を許そうとしない生意気なやつと、部下を見るようになる。

私もかつて若かったころ、この言葉で痛い思いをしたことがある。自動車教習所の運転教習の時間、最初の五分あたりで、当日担当の教官の指導が、べつの教官が以前に言っていた内容と違うことに違和感を覚えた。そこでつい「前の先生が言っていたことと違うんですけど、どっちに従えばいいんですか」と言ってしまい、その教官を怒らせてしまった。その時間はまったく教えてもらえず、「おまえは外周を回っていろ」と言われ、残る時間は外周を回るだけで終わりだった。

その教官の態度はいまなら問題視されるかもしれないが、たしかに私の言い方も生意気で、配慮の足りないものだった。このことは、教官の立場になって考えてみればわかる。教官によって教え方や意見が違うのは、よくあることだ。そこに、教官内の上下関係や人間関係も絡んでくる。「前の先生」といまの教官の間にも、ややこしい関係があってもおかしくない。そのあたりを考えず、「前の先生が言ったことと違う」

と言ったため、不愉快にさせてしまったのだ。

上司の発言が以前と違うと思っても、それをストレートに言うのは、上司を感情的にさせるだけだ。ここは、上司の立場を察した尋ね方にしたい。「以前、こう言われたのですが、状況が変わったのですか」「××さんはこう言われたのですが、同じ意味なのですか」などと尋ねればいい。

ただし、自分が上司の立場で、部下が以前と違うことを言いはじめたときは、指摘したほうがいい。おそらく部下の頭の中で思考の矛盾が起きているから、それを正す方向に誘導することだ。

「前は、こう言ったじゃありませんか」ではなく、
「以前はこう言われたのですが、状況が変わったのですか」。

「そこを何とか」

情実でねじこむ、あさましい日本語

自分ではデキると思っているビジネスマンが、つい口にしてしまうのが、「そこを何とか頼むよ」だ。相手は、部下や取引先、スタッフだ。もう交渉や取り決め、申し合わせはすんでいるのに、それを覆したいときに、よく使う。あるいは、新たな条件をねじこみたいときにも使う。

本来なら、受け入れられそうもない新たな取り決めや条件を押しつけたいとき、デキると思っているサラリーマンは、情実による力技を使いたがる。「自分と相手は深い仲」と思い込み、自分と相手の仲なら、情実で押し込めると思っているのだ。相手はまず断れまいと決めつけていて、自分の力を誇示する場面とさえ思っている。「そこを何とか頼むよ」と押し込むのは、そんな力技の一つだが、相手を閉口させるだけで、悪印象を残すことになる。「そこを何とか頼むよ」という情実にまかせた依頼方法が、あまりにも虫がよすぎるからだ。

取引先であれ、部下であれ、多くは当人が思うほど深い仲とは思っていないことも多いだろう。それなのに、深い仲であるかのごとくふるまい、なれなれしく押しつけをするのだから、困り果てることになる。従属関係や上下関係から渋々と呑《の》むことはよくあるケースだが、信頼関係や絆から受けたわけではない。要はパワハラであり、相手は泣く泣く受け入れたにすぎない。「そこを何とか頼むよ」と言ってきた人物に対しては、横暴な人物、すぐにつけあがる人物という悪印象しか残らない。

一方で、「そこを何とか頼むよ」とねじこんだ当人は、「俺の顔で、話が覆った」と得意になる。両者の意識には大きな開きがあり、「そこを何とか頼むよ」と言われたほうは、憤懣《ふんまん》をためていくことになる。また、当人は得意になっていても、周囲はそう評価しない。力関係にまかせて横暴にふるまう、エラそうな人物くらいの評価しかしていない。

「そこを何とか頼むよ」は、かりに言うにしろ、最後の手段だ。決定を覆したかったり、新たな条件をねじこみたかったら、まずは相手が喜ぶ条件も同時に提案していくことだ。

「この部分ではこちらが譲歩するから、ここの部分を認めてくれ」という、互いの利を視野に入れた交渉をするなら、相手も受け入れやすい。こうした交渉のできるビジネスマンこそが本当にデキるビジネスマンであり、情実を交えた交渉をするビジネスマンは勘違い型のビジネスマンなのだ。

「そこを何とか」と情に訴えるより、相手の喜ぶ条件を考えてみる。

本書は、二〇一二年四月に小社より刊行された
『バカに見える日本語』を文庫化にあたって改題の上、
大幅に加筆し、再編集したものです。

青春文庫

頭《あたま》が悪《わる》くみえる日本《にほん》語《ご》

2023年 8 月20日　第 1 刷
2023年 9 月30日　第 2 刷

著　者　樋《ひ》口《ぐち》裕《ゆう》一《いち》

発行者　小澤源太郎

責任編集　株式会社プライム涌光

発行所　株式会社青春出版社

〒162-0056　東京都新宿区若松町 12-1
電話 03-3203-2850（編集部）
03-3207-1916（営業部）
振替番号　00190-7-98602

印刷／大日本印刷
製本／ナショナル製本
ISBN 978-4-413-29834-6

ほんとうのあなたに出逢う　青春文庫

“私の時間”はどこに消えたのか
誰も教えてくれない24時間のすごい使い方

すぐに一日、気づけば一週間……
怖すぎる日常から、
やりたいことができる毎日へ！

ライフ・リサーチ・プロジェクト［編］

(SE-831)

「思考」の見晴らしが突然よくなる本

視点を変えれば、道は開ける。
パラパラ見ているだけで、行き詰まりを
チャンスに変える“モノの考え方”146のヒント

知的生活追跡班［編］

(SE-832)

他県が知らない県民の壁

県境を越えたら、そこは別世界
47都道府県の裏側、
ぜんぶ見せます。

ライフ・リサーチ・プロジェクト［編］

(SE-833)

頭が悪くみえる日本語

「めっちゃ」、「みんな言ってます」、
「こちらが資料になります」…
こんな口ぐせをやめるだけで知的になる。

樋口裕一

(SE-834)